见识城邦

更 新 知 识 地 图　　拓 展 认 知 边 界

星条旗
与十字架

THE FLAG AND
THE CROSS

White Christian Nationalism
and the Threat to American Democracy

[美] 菲利普·S. 戈尔斯基（Philip S. Gorski）
[美] 塞缪尔·L. 佩里（Samuel L. Perry） / 著
王勇 / 译

中信出版集团 | 北京

图书在版编目（CIP）数据

星条旗与十字架 /（美）菲利普·S. 戈尔斯基,（美）塞缪尔·L. 佩里著；王勇译 . -- 北京：中信出版社，2023.7

ISBN 978-7-5217-4646-4

Ⅰ . ①星… Ⅱ . ①菲… ②塞… ③王… Ⅲ . ①社会问题－研究－美国 Ⅳ . ① D771.28

中国国家版本馆 CIP 数据核字 (2023) 第 109185 号

星条旗与十字架

著者： [美]菲利普·S. 戈尔斯基　[美]塞缪尔·L. 佩里
译者： 王　勇
出版发行：中信出版集团股份有限公司
　　　　（北京市朝阳区东三环北路 27 号嘉铭中心　邮编　100020）
承印者：　北京诚信伟业印刷有限公司

开本：880mm×1230mm　1/32　　印张：5　　　　字数：131 千字
版次：2023 年 7 月第 1 版　　印次：2023 年 7 月第 1 次印刷
京权图字：01-2023-3469　　　书号：ISBN 978-7-5217-4646-4
　　　　　　　　　　　　　　定价：58.00 元

前　言

　　我以为我已经忍受了基督徒对我的最恶劣的种族歧视，但令人想不到的是，2016 年 11 月特朗普当选美国总统后，我的情况更糟糕。

　　在充满惊险刺激的转折中，少数选民将唐纳德·特朗普选为美国第 45 任总统。更令人头晕目眩的是，出口民调显示，参加投票的白人福音派基督徒对特朗普的支持率约为 81%，这是特朗普最终当选的最大推力。

　　我记得在选举之夜，我熬夜到很晚，看着选举投票的结果不断出炉。我独自坐着，我的妻子早就上床睡觉了，她认为看电视直播开票不会改变结果。天很黑，我的眼睛在电视屏幕和手机上的推特信息之间来回切换。当特朗普显然胜选时，我的大脑一片空白，因为我的思想和情绪都在努力跟上这一新的发展。

　　最后，一种恐惧的感觉笼罩着我，因为我考虑到这样一个事实，那就是，一个公然反对种族公正的人很快就会占据我们国家的最高政治职位。然后，我的思绪集中在离家更近的事情上：我的教会。我参加了一个以白人为主的福音派教会。根据票数百分比和我自己与他们的交流情况，我知道我的许多教友都投票支持特朗普。我无法摆脱内心的痛苦。我毫不掩饰我对这个人的担忧，尤其是他长期贩卖种族刻板印象，并纵容种族主义者。

我在想，怎么能和那些如此明显地误解甚至对我作为一位美国黑人的现实不屑一顾的人一起参加周日教堂礼拜呢？我怎么可能与那些似乎并不关心他们所青睐的政治家的计划对我、我家人、我们社区和我们国家的影响视而不见的人，一起唱歌、祈祷和愉快交谈呢？我知道我装不了假，也不想装。

我所感受到的一切都不是我独有的。从我与全美各地黑人基督徒的合作中，我知道许多人在总统大选前后对他们的信仰社区也有类似的疑虑。虽然他们可能已经私下与值得信赖的朋友和家人分享了他们的担忧，但我还是打开麦克风录制了一段播客节目。

我的朋友博采访了我，让我谈谈对选举的反应，我在节目中实话实说。我说："这个周日，我在以白人为主的福音派教堂里做礼拜时，感到不安全。"我接着描述了我从整个白人福音派教徒那里感受到的背叛感，但我仍然重视白人基督徒对种族公正的承诺。我感觉我的话对某些人来说会很刺耳，因此我尽可能说话谨慎。

但这无济于事。

在我们发布那期播客节目后不久，我的社交媒体账号留言箱变成了种族主义者攻击和谩骂的垃圾箱。

其中有人给我发了一幅图，图上一个卡通黑人小伙子正与一只黑猩猩握手，而标题称我为"觉醒的黑鬼"。另一个人讽刺我为"觉醒的福音派"。在我随后写的一篇博客文章中，其他人评论说，我只是摆出了所谓的"道德姿态"，并且已向"种族团结和同情的道德瘫痪和感情用事"投降了。一位教会成员——我从未与他进行过深入的交谈——在推特上评论说，我对基督教、特朗普和选举的看法是"自由的"和"世俗的"。在那之后，出现了几篇从思想上批评我的文章，我所属的教派和宗教团体也很快变成了排斥并边缘化我这样的人的场所。

三个星期以来，我只要上网，左眼下面的那块小肌肉就会抽搐。这是压力引起了我的一种生理反应，几乎每次打开笔记本电脑时，我都会眼睛痉挛。我习惯于预想最坏的情况。当我觉得言辞不能再低调时，它总是如此。后来我才知道，我所经历的是一种种族创伤，几年后，我仍要通过治疗、祈祷和反思来缓解它对我的影响。

我认为，种族主义攻击对我影响如此深远的部分原因是我无法确切地说出有哪些力量对我不利。我无法解释种族主义、宗教和政治之间的有毒组合是怎么一回事，而这种组合已经占据了我的整个生活。

因此，我才明白，了解白人基督教民族主义以及菲利普·戈尔斯基、塞缪尔·佩里和其他研究该课题的学者的著作对我帮助如此巨大。白人基督教民族主义的思想包括偏执、歧视、仇外心理、父权制和种族主义等内容，它们以基督教的面目出现，但又表现为多种方式。白人基督教民族主义不仅是为这一社会文化现象命名，而且有助于解释导致某些看起来如此矛盾的行为的心态和信仰。

那些自称重生的基督徒如此强调道德，怎么能支持唐纳德·特朗普这样一个放荡不羁、傲慢和残忍的政客呢？在病毒大流行期间，戴口罩是如何成为"宗教自由"问题的？为什么有那么多基督徒引用《罗马书》第13章的内容，说要服从政府当局的管理，但又支持国会大厦骚乱？种族主义和白人至上主义是否构成了他们所有信仰的潜台词？

这些问题的答案极为复杂，需要放在历史大背景中，并结合不同语境加以考察。但《星条旗与十字架》让我们得以一窥这个系统的内在逻辑，尽管这令人沮丧。戈尔斯基和佩里对基督教自由意志主义等批判性思想以及秩序、自由和暴力使用等特殊概念进行了清晰而深入的研究。作者的探讨比这还要深刻。他们展示了白人基督教民族主义不仅是一套信仰，而且是一种叙事——一个不断被讲述、重述和修饰的所谓"深层故事"，以适应那些接受它的人的愿望。

《星条旗与十字架》给了我们一个可怕但必要的警告。虽然将国会大厦骚乱视为一个孤立事件并认为它不会在不久的将来重演的说法令人欣慰，但戈尔斯基和佩里收集的数据却引导我们得出了不同的预判。他们的结论是，不仅有可能发生另一场暴力夺权运动，而且"第二次爆发可能比第一次规模更大、更猛烈，足以埋葬美国民主至少一代人"，时间也许会更长。

其他人也同意他们的看法。2020年，美国国土安全部发布了年度国土威胁评估。官员们警告说："在国内暴力极端分子中，出于种族和民族动机的暴力极端分子，特别是白人至上主义极端分子，将仍然是美国国土上最持久和最致命的威胁。"虽然白人至上主义极端分子和白人基督教民族主义者并不完全相同，但有一些重叠，并且像三K党和类似团体一样，白人至上主义极端分子很容易将基督教符号和思想用于暴力目的。鉴于白人基督教民族主义及其相关运动所带来的历史性和持续的危险，戈尔斯基和佩里认为，应当以紧急的姿态更加积极地打击这一意识形态。

《星条旗与十字架》一书中令人信服的研究使我做出了以下评估：白人基督教民族主义是当今美国教会信仰工作所面临的最大威胁。并不是像许多白人基督教民族主义者所争辩的那样，批判性种族理论、"1619 项目"或对种族不公的所谓"觉醒"会将人们推离教会并阻碍民主，而是白人基督教民族主义会导致这样的结果。

《星条旗与十字架》中的信息可能无法说服你们中间的白人基督教民族主义者改变想法或行动。然而，这本书会让你获得更有说服力的观点，更有信心与各种不同的、往往是有害的观点进行辩论。你可以用书中保罗·韦里奇（Paul Weyrich）的引文来证明，如何让投票变得更困难恰恰是白人基督教民族主义者维持政治权力的有意策略。你可以指出国会大厦骚乱中过多的基督教符号，并问为什么这么多人认为基督认可了他们的行为。你可以引用统计数据和民意调查数据来表明，仇外心理、对"我们人民"的狭隘解释以及对不平等的结构性解释的厌恶，都与白人基督教民族主义呈正相关。

虽然我们的具体故事可能有所不同，但我们都受到了白人基督教民族主义的影响。在你的教会或信仰团体中，可能有人坚持它的原则。也许你的家人、同事或朋友因为这种恶意的意识形态而不得不与你对抗甚至断绝联系。你可能不得不离开一个你认为属于自己的空间，因为你拒绝鹦鹉学舌的党派路线。在美国，每个人都必须应对白人基督教民族主义对民权和民主本身构成的威胁。

由于白人基督教民族主义的影响无处不在，因此《星条旗与十字架》不是一本你可以简单地阅读的书——这本书所传授的知识必须被吸收和应用，才能真正理解。我们都必须能够在日常生活、时事、立法行动和言论中辨别白人基督教民族主义的影响。我们必须善于在看到白人基督教民族主义表现的当时当地就妥善处理，而不拖延。这需要一种罕见的勇气，冒着巨大的风险对抗现实。但我们别无选择，因为这关系我们自身的利益。冷漠和不在乎的态度会使我们堕落为我们国家灭亡的同谋。我们必须使用戈尔斯基和佩里在《星条旗与十字架》中收集的数据来对抗白人基督教民族主义，就好像我们的整个民主都依赖于它一样。此言不虚。

杰马尔·蒂斯比

（Jemar Tisby）

目　录

导言

爆发

　　2021 年 1 月 6 日国会大厦骚乱事件的混乱令许多人感到困惑。其部分原因是这场骚乱本身也是一场图像的混乱：木制十字架和木制绞架、基督教旗帜和联邦旗帜、"耶稣拯救"和"别踩到我"的横幅、有纽扣的衬衫和防弹背心等并列纠缠在一起，令人眼花缭乱。[1] 但这些令人困惑甚至看似矛盾的符号是一种日益熟悉的意识形态的一部分，即白人基督教民族主义。[2]

　　这是一本关于白人基督教民族主义的入门书。有关它是什么、它何时出现、它如何运作，以及它的发展方向等问题，在这本书中都有详尽的阐述。白人基督教民族主义是美国政治中最古老、最强大的潮流之一。但在国会大厦骚乱之前，大多数美国人都看不到它。大多数保守的白人基督徒看不到它，因为几十年来，它一直是他们游泳的水和呼吸的空气。[3] 大多数世俗进步派看不到它，因为他们生活在自己的泡沫中。在这个泡沫中，白人基督教民族主义似乎是"边缘"，而不是主流。

　　但 2021 年 1 月 6 日，这个泡沫被支持特朗普的激进分子的白热化愤怒打破了。这种愤怒早在总统大选之前就一直在积聚。在整个2020年，特朗普总统一再声明，宠物、死人和非法移民会收到邮寄选票，他声称这些选举欺诈行为必将在11月选举时猖獗起来。[4] 在选举失败后，他拼命地通过推特煽动追随者的愤怒，散布所谓"选举舞弊"的谎言。他的做法得到了基督教右翼亲特朗普权威人士和忠诚的国会盟友，如特德·克鲁兹、乔希·霍利和马特·盖茨等人的支持，他们帮助宣传了他的"大谎言"。

国会大厦骚乱就像火山爆发。几十年来，压力一直在累积。选举只是将这种压力推向了地面，并于1月6日演化成为暴力事件。这种压力累积的部分原因来自社会两极分化加剧、外国干涉选举和社交媒体革命所助长的宣传和恐惧心理的传播。但这也是人口和文化缓慢转型的结果。保守派白人新教徒的数量与影响力正在下降。[5] 美国人口正变得越来越世俗化，白人越来越少。这个国家变得越来越不强大，越来越不平等。不同历史构造的板块相互碰撞，产生了新的裂缝和日益加剧的紧张关系。巴拉克·奥巴马的当选是这些渐进转变的结果之一，意想不到的唐纳德·特朗普的胜选是第二个结果，国会大厦骚乱是第三个。未来还会产生更多的结果。[6]

地质学家研究火山爆发有四个原因：1. 了解地貌的形状；2. 揭示形成地貌的力量；3. 解释火山爆发的原因；4. 预测火山爆发并避免灾难。

我们是社会学家，但我们遵循地质学家的指引。我们首先描绘当代白人基督教民族主义的图景：它是什么，不是什么；谁坚持它，谁不坚持它；他们相信什么，不相信什么。然后，我们深入表面之下，穿过白人基督教民族主义的各个层面；随着时间的推移，白人基督教民族主义已经建立在其所依托的《圣经》"基石"之上。之后，我们仔细研究白人基督教民族主义近年来在美国政治中发挥的作用，无论是作为一种意识形态，还是作为一种政治策略，时间跨度从奥巴马总统任期到茶党的崛起、特朗普当选及其总统任期与失败的连任，一直到2021年未遂的国会大厦骚乱。最后，我们对美国的未来进行了预测，并就我们如何避免一场可能推翻美国民主的政治"大灾难"提出我们的看法。

我们的论点

在本书中，我们讨论了四个基本问题：1. 什么是白人基督教民族主义？ 2. 它是什么时候出现的？ 3. 它在政治上是如何运作的？ 4. 明天它可能会走向何方？

白人基督教民族主义是关于美国过去和未来愿景的"深层故事"。它包括对美国过去和现在是什么样，以及它应该是什么样的种种珍贵假设。我们借用了社会学家阿莉·拉塞尔·霍赫希尔德的"深层故事"思想。在她于2016年出版的《故土的陌生人》一书中，她讲述了她在路易斯安那州农村炼油地区与美国白人工人阶级交谈的五年中学到的教训。[7] 他们的"深层故事"是这样的：像他们这样的人一直在排队，耐心地等待着他们实现美国梦的机会。但在未来，他们看到人们不排队，而是插队——移民、少数族裔以及其他没有缴纳会费的人。更糟糕的是，他们看到巴拉克·奥巴马和希拉里·克林顿这样的自由派政客帮助那些插队的人。因此，他们投票给保守派政客，相信这些政客会把这些插队的人送到他们所在队伍的后面。这里未明说而且也不正确的假设是，"白人首先来到了这里"。这个深层故事听起来很像"让美国再次伟大"的口号。这有助于解释为什么这么多农村地区的白人在2016年投票支持唐纳德·特朗普，并在2020年再次投票给他。[8]

这个所谓的"深层故事"之所以成为"故事"，是因为其功能就像一个简单的电影剧本。该剧本包括一群英雄和恶棍，以及事件应该遵循的陈旧而熟悉的情节。而且像许多经典剧本一样，它们被改编和重拍，只是调整了部分故事情节，换上了新的主角。

深层故事之所以"深层"，是因为它们深深植根于一种文化。深层故事被讲述和重述了这么多次，跨越了那么多代人，以至于他们感到自然和真实。甚至当这些故事与历史真实不一致时，大家依然对其笃信不疑。总而言之，一个深层故事比历史更具有神话的色彩。更准确地说，深层故事成了历史的神话版本。

白人基督教民族主义的"深层故事"是这样的：美国作为一个基督教国家，是由"传统"基督徒（白人）建立的，他们以"基督教原则"为基础创建了国家的建国文件。美国受到上帝的保佑，这就是为什么它如此成功；这个国家在上帝对人类的计划中扮演着特殊的角色。但这些祝福受到了美国境内外"非美国"影响的文化退化的威胁。

像任何故事一样，这个故事也有自己的英雄：白人保守派基督徒，通常是土生土长的人。这个故事中也有恶棍：种族、宗教和文化上的局外人。故事情节围绕着高贵而有价值的"我们"及财富和权力的合法继承人与密谋夺走我们所有的、不配获得这些东西的"他们"之间的冲突而展开。有时，冲突最终会导致暴力。这种暴力使白人基督徒恢复到他们认为的在美国种族和宗教等级制度塔尖的合法地位。英雄是那些捍卫白人基督教国家的纯洁和财产的人，在必要时使用暴力。

但这个故事是一个神话。美国开国元勋的宗教观点范围很广：从无神论到自然神论和一神论，再到公理会主义、浸礼主义，甚至罗马天主教。《独立宣言》和《宪法》受到了各种影响，包括古典自由主义（如洛克）和公民共和主义（如马基雅维利）等。在这个国家的财富和繁荣中，有相当一部分来自偷来的土地和奴隶劳动。这些都是公认的历史事实。[9]

在这一点上，持怀疑态度的读者可能会想知道这个深层故事的"基督徒"版本的内容。它是"基督徒的"，因为绝大多数相信这个故事的人都认为自己是基督徒。它也是"基督教的"，因为它的形成来自对《圣经》的特殊解读。因为它借鉴了《圣经》，所以这个故事对许多主流基督徒来说是"正统的"和"传统的"。[10]对《圣经》的这种特殊解读是否"真正符合基督教教义，是神学家关注的问题，而不是社会学家关注的问题。但正如我们将看到的，这个深层故事不仅传播广泛，而且已有数百年的历史。

将这个故事编织在一起的人，也就是编剧，也不是什么边缘人物。相反，这些人包括——现在仍然包括——著名的基督教传教士、作家和平信徒，他们完全属于他们那个时代的主流。[11]这就是为什么即使在今天，白人基督教民族主义在主流基督教的许多地区依然不受阻碍地流传。

但这并不是唯一可以找到它的地方。白人基督教民族主义也塑造了美国的流行文化。想想"后启示录"类型的小说和电影，比如《末日危途》（The Road），或者超级英雄漫画和电影，比如《美国队长》等。今天，世俗化的白人基督教民族主义几乎与宗教民族主义一样重要。虽然这两者有时很难区分，但国会大厦骚乱中的许多人扮演十字军以及基督教"预言信仰"和"匿名者Q"（QAnon）阴谋论之间的重叠就证明了这一点。[12]

但是，白人基督教民族主义不仅仅是一个关于过去是什么的深层故事，而且是一个应该是什么的政治愿景。当然，最重要的是，白人基督教民族主义者认为，美国应该是一个基督教国家，或者至少是一个由基督徒统治的国家。虽然对所谓"白人"的期望很少被明确表达，但是白人基督教民族主义追随者心目中的那种"基督徒"清楚地表达了这种期望。谁算"白人"，怎样才能算"基督徒"，随着时间的推移会不断发生变化。白人基督教民族主义的敌人也发生了变化。从美洲原住民和天主教徒，到共产主义者、黑人激进分子、无神论者、穆斯林和社会主义者，都曾被视为"（白人）基督教价值观"的主要威胁。

但政治愿景远不止于此。正如我们将在后面的章节中所说的那样，当代白人基督教民族主义的支持者在许多其他问题上也持有强烈的观点，包括种族歧视、宗教自由、政府监管、社会主义、福利国家、COVID-19（新型冠状病毒肺炎[*]）封锁、投票和国会大厦骚乱等。其中一些观点似乎相互矛盾。为什么有人强烈支持将基督教制度化为国教，却声称他们的首要任务之一是保卫

---

* 2022年12月26日，中国国家卫生健康委员会发布公告，将新型冠状病毒肺炎更名为新型冠状病毒感染。——编者注

"宗教自由"？为什么有人强烈肯定政府应该"倡导基督教价值观"，却支持使用酷刑或反对枪支管制？他们中的许多人与基督教根本没有明显的联系。并没有什么诫命说"你不可戴口罩"。

将这些立场相互联系在一起的是对自由、秩序和暴力的特殊理解，这些都深深植根于美国历史。[13] 自由是从自由意志主义的角度来理解的，即不受限制的自由，特别是不受政府的限制。秩序被解释为一种等级制，白人基督徒位于秩序的顶端。暴力被视为捍卫自由和恢复秩序的正义手段，是白人基督徒的专利。这种对自由、秩序和暴力的理解是白人基督教民族主义的核心。

我们现在可以开始看看政治愿景的各个部分是如何组合在一起的。政府监管侵犯了白人基督徒的自由。口罩强制令和COVID-19封锁也是如此。"城市犯罪"和"种族骚乱"威胁着社会秩序。他们必须遭到警察的武力镇压，如若不然，必须由善良的基督徒用武力对付他们。因此，他们需要获得枪支。一般原则是这样的：白人男性有时必须行使正义的暴力来捍卫（他们的）自由，并维持社会（和种族）秩序。自由属于"我们"，专制的社会秩序则属于"他们"。

这种"我们 vs 他们"的部落主义可能看起来不符合基督教教义，对暴力的美化更是如此。但是，如果我们通过前面提到的末世神学的视角来看，严格区分善良的"我们"和"邪恶"的他们及其"属灵争战"的血腥故事，就不会与基督教教义那样格格不入了。它的目标是永远救赎和恢复一个被"局外人"腐蚀的失落世界。如果没有战斗，这个目标不可能实现。因此，白人基督教民族主义将其追随者推向了一场血腥的战斗。这种白人基督教民族主义的"民族传统主义"冲动是推动威权民粹主义发展的一个主要动力。在过去十年中，这种威权民粹主义在我们的文化和政治格局中形成了压倒性优势。这就是为什么20世纪末高度集中的文化战争已经让位于21世纪初混乱的文化斗争。[14]

人口结构的变化也是一个关键因素。随着白人基督徒逐渐成为少数族裔，白人基督教民族主义者开始反对美国民主。毕竟，民主政府的基本原则是少数服从多数。只要白人基督徒占多数且可以发号施令，他们就愿意容忍一定程度的多元化，但前提是少数族裔不过分坚持平等。现在，面对自己成为少数族裔的前景，过去占多数的白人中的一些成员开始拥抱威权政治，把它作为保护自己"自由"的一种手段。[15]

他们的自由真的处于危险之中吗？他们肯定相信这是真的。白人基督教民族主义者真诚地相信，白人和基督徒是美国最受迫害的群体。[16]因此，他们认为扩大民主进程准入范围的努力，例如消除选民参与的障碍，是对其政治权力的生死存亡般的威胁。

美国不可能既是一个真正多种族的民主国家——一个由不同族裔组成的国家和一个由不同民族组成的国家——同时又是一个白人基督教国家。这就是为什么说白人基督教民族主义已经成为美国民主的严重威胁，也许是它现在所面临的最严重的威胁。

在进一步讨论什么是白人基督教民族主义之前，重要的是要弄清楚它不是什么。

第一，白人基督教民族主义不是"基督教爱国主义"。白人基督教民族主义将美国白人基督徒的力量理想化。它植根于白人至上主义的假设，并受到愤怒与恐惧的驱动。这是民族主义，不是爱国主义。正如政治哲学家史蒂文·史密斯所解释的那样，爱国主义首先是"对其宪法或政治制度……忠诚"。民族主义是对自己部落的忠诚，"但总是以牺牲一个外部群体为代价，他们被认为是非美国人、叛徒和人民公敌"。正如历史学家吉尔·莱波雷所解释的那样，这两者有时会混淆的一个原因是，民族主义经常将自己伪装成爱国主义："因为很难说服人们追求侵略、暴力和统治的进程……民族主义者假装他们的目标是保护和团结，他们的动机是爱国主义。这是一个谎言。爱国主义以爱为动力，民族主义以仇恨为动力。将两者混为一谈，就是假装仇恨是爱，恐惧是勇气。"[17]

基督徒有可能成为爱国者吗？当然可能。[18] 只要爱国主义是从宪法理想和民主制度的角度来理解的，公民身份就不是基于种族、民族或宗教身份设定。但是，如果你宣誓效忠你自己的民族文化部落，并将其置于同胞的权利之上，那么你就越界进入了白人基督教民族主义的行列。

第二，白人基督教民族主义本身并不是白人福音派的同义词，即使它们有相当多的重叠。但随着白人福音派越来越成为共和党投票和反动政治的代名词，我们可能不会再这么说了。可以肯定的是，一些福音派领袖在 2016 年公开与特朗普保持距离。其他人后来也这样做了。但许多人不仅在那一年支持特朗普，而且在 2020 年加倍支持特朗普，认为他信守了捍卫宗教自由的承诺，并任命了保守派大法官。还有一些人，如美国南方浸信会神学院院长阿尔·莫勒，在此期间有过改变立场的经历。2016 年，莫勒曾承诺他"永远不会"投票给特朗普。[19] 但到 2020 年，他已经看到了通往大马士革的道路上的曙光。坐在教堂长椅上的人也是如此：2016—2020 年，白人福音派对特朗普的支持实际上有所增加。[20]

然而，白人基督教民族主义不是白人福音派的代名词还有另一个原因：它有许多非福音派支持者，包括大量主流新教徒、白人罗马天主教徒，甚至还有白人五旬节派教徒。还有一个原因是，少数白人福音派正在积极抵制白人基督教民族主义。事实上，在 2021 年 1 月 6 日的事件发生后，惠顿学院（被称为"福音派哈佛"）的教职员工发表了一份正式声明，谴责骚乱，谴责"基督教民族主义"和"白人至上主义"。这些逆流给人一定程度的希望，即白人福音派的亚文化可能会从内部进行改革。[21]

第三，也是最后一点，白人基督教民族主义不仅仅是美国白人基督徒的问题。有一些世俗版本的白人基督教民族主义声称要捍卫"西方文化"或"犹太-基督教文明"。还有一些世俗的美国白人知道如何利用白人基督教民族主义的语言为自己服务。对于这些美国人来说，"基督徒"的标签只是表明了共同的部落身份，或者掩盖了政治价值观，否则这些价值观在社会上是不可接受的。这当然是特朗普本人使用这个标签的方式，把它作为一个口号和一块遮羞布，这也是那么多白人基督徒被他吸引的原因之一：不是因为他自己是基督徒虔诚的典范，而是因为他挥舞着基督教的旗帜，宣布他愿意为之而战。

对于一些白人基督教民族主义者来说，这场斗争已经变得比信仰更重要。这就是在特朗普第一次被弹劾期间，许多基督教右翼领导人对彭斯担任总统的前景如此不兴奋的原因之一，尽管彭斯的福音派资历无可挑剔：彭斯有信仰，但特朗普真正战斗过，而这是他们真正关心的斗争。这是因为他们的目标是获得权力，而不是什么虔诚的信仰。这也不是他们第一次把战斗放在信仰之上。请记住，在 2016 年的初选中，大多数白人保守派基督徒选择支持特朗普，而不是支持众多信奉福音派教义的真诚的共和党候选人。他们想要一个为基督徒（也就是像"我们"这样的人）而战的战士，而不是像基督徒一样战斗的人。[22]

这种宗教民族主义和白人民族主义的结合并不是美国独有的。在欧洲和拉丁美洲，基督教民族主义有一个世俗化的版本，其核心信条是捍卫"白人文化"、"基督教文明"和"传统生活方式"。类似的情况似乎正在美国出现。在这方面，与其他许多国家一样，美国也不例外。[23] 具有讽刺意味的是，一些保守派越是坚持"美国例外论"，就越不那么独特，而是具有更多的普遍性。

现在，让我们简要预览一下本书的主要内容：

第 1 章讨论了"什么"的问题和"谁"的问题。我们使用调查数据，使得"白人基督教民族主义"更具有操作性，即界定、衡量和评估其影响。第 2 章讨论了"何时"的问题和"为什么"的问题。我们使用历史证据来表明美国历史上的白人基督教民族主义版本形成的时间和原因，以及它如何随着时间的推移而变化。第 3 章从"它在当代美国政治中如何运作"的意义上探讨了白人基督教民族主义"如何"在当代美国政治中发挥作用的问题。结论则讨论了"向何处"的问题，即这一切将走向何方，我们如何确保美国不走到只能"悬崖勒马"的危险地步。

避免这种危险结果的唯一方法是建立一个捍卫美国民主的人民阵线，一个从标记"永不支持特朗普"（#NeverTrump）的共和党人延伸至民主社会主义者的联盟，一个包括宗教保守派和世俗进步派的联盟。建立这种联盟并非易事。基督教领袖必须说服至少一部分追随者，让他们认识到，白人基督教民族主义既不符合《圣经》教义"，也不是"爱国的"，而是偶像崇拜和非基督教的。进步主义的领导人必须愿意与他们携手合作。有些时候，政治原则比政策辩论更重要，而当下就是这样的时刻。

第1章

"这是我们的国家，不是他们的"

调查一下自 2021 年 1 月 6 日国会大厦骚乱以来被捕的所有暴徒，许多人不太可能将自己描述为"基督教民族主义者"，更不用说"白人基督教民族主义者"了。即使是那些公开的基督徒——那些举着"耶稣拯救"的横幅，或者挥舞着基督教旗帜，或者在参议院以耶稣的名义祈祷的人——也可能会拒绝这些标签。许多人（如果有的话）也不会承认自己是"白人民族主义者"、"阴谋论者"、"骚乱分子"、"白人至上主义者"或任何其他具有明显负面含义的标签。

在采访中，大多数暴徒都称自己为"基督教爱国者"。例如，在参议院的祈祷中，那个所谓的"匿名者 Q"沙曼将他的同伙描述为"爱（上帝）和基督的爱国者"，在"暴君、共产主义者和全球主义者"以及"我们政府内部的叛徒"面前捍卫"美国方式"，传递出"这是我们的国家，不是他们的"这一信息。[1] 如果连骚乱分子都不认为自己是白人基督教民族主义者，那么我们可以相当肯定，大多数白人保守派基督徒都会认为这个标签具有冒犯的意味。

那么，我们是在诽谤吗？我们是否在用一个具有威胁性的名字来妖魔化与我们意见相左的人？我们是否把模糊的流行语当作武器，以压制那些只是为自己的价值观挺身而出的保守派基督徒？我们只是在模仿把进步主义者污蔑为"无神论的社会主义者"的反动派领导人，向"觉醒"的会众宣扬"批判性种族理论"吗？

对于这些问题，我们的回答都是否定的。我们的目标是仔细定义我们的术语，并根据经验支持我们的论点。

我们界定白人基督教民族主义，并使用一系列信仰来识别白人基督教民族主义者。我们认为，这些信仰反映了恢复和特权化某个特定民族文化部落的神话、价值观、身份和权威的愿望。这些信仰构成了一种政治愿景，使这个部落享有特权。他们试图把其他部落放在"适当"的地方。

白人基督教民族主义是民族主义的，因为它拒绝多元主义和许多右翼人士所说的"全球主义"。它表达了对民族团结和国际力量的渴望。但是，团结围绕着什么？权力属于谁？政治学家埃里克·考夫曼（Eric Kaufmann）称之为"民族传统主义"。这是一种民族神话，模糊了文化和种族之间的区别，谈论"基督教遗产和价值观"[2]以及白人的力量。因为当一些白人——事实上是许多白人——听到"基督徒"和"美国人"这两个词时，他们会想到"那些长相和思维方式像我们的人"。在他们看来，一个真正的基督教国家应该赞美并尊重白人保守派的神圣历史、自由和合法统治，充其量只能容忍"他人"，最坏的情况是奴役、驱逐或灭绝他们。这是一些白人大规模抵制拆除联邦雕像或反对教授美国种族主义历史的根源所在。在这些人看来，抨击国家的种族历史就是在质疑白人基督徒的天选性与根本的善良。

当"匿名者Q"沙曼感谢他的天父"允许我们发送一个信息……这是我们的国家，不是他们的"时，他还发出了一个警告，即他们准备用暴力夺回"他们的"国家。我们所说的"白人基督教民族主义"绝对不是对白人宗教保守派的空洞污蔑，而是对美国民主本身的严重威胁。

基督教民族主义中的"基督教"是什么？

在下一章中，我们将看看白人基督教民族主义的深层故事最初是如何形成的，以及它如何随着时间的推移而演变。但首先，在本章中，我们使用调查数据来记录白人基督教民族主义的政治愿景，并量化其在当代美国的影响力。我们将主要使用我们在2019—2021年多轮全国范围的调查中收集的数据。我们偶尔会参考其他来源进行补充。[3]

我们使用基督教民族主义的七种不同指标。通常，我们会将它们组合在一起，但有时我们会根据可用的度量方法以不同的组合使用它们。每项衡量指标都是一个问题，它要求美国人表明他们对各种说法的认同程度。

1. 我认为像《独立宣言》和美国《宪法》这样的建国文件是受到神的启示。
2. 美国的成功是上帝计划的一部分。
3. 联邦政府应该宣布美国是一个基督教国家。

4. 联邦政府应该倡导基督教价值观。

5. 联邦政府应该严格实行政教分离。

6. 联邦政府应该允许在公共场所展示宗教符号。

7. 联邦政府应该允许在公立学校祈祷。

在美国宗教和政治历史的背景下理解，每个衡量指标都告诉我们美国人如何看待基督教与美国公民生活之间的联系。在某种程度上，同意前两种说法的美国人肯定上帝"启示"了美国的建国文件，上帝以某种方式安排了美国的繁荣，也许将来还会这样做。至少，这两种说法都暗示上帝与美国有着特殊的关系。

其余五种说法要求美国人肯定他们认为政府应该做什么，这反映了他们的政治神学观念。正式宣布美国为"基督教国家"将是基督教民族主义最明确的宣言。但同时，相信政府应该"倡导基督教价值观"至少表明美国人认为"基督教价值观"（不管他们如何理解该术语）值得政府作为政策来推广。关于"政教分离"，我们关注那些不同意这种说法的美国人，这表明他们希望教会和国家有更密切的关系。

最后两种说法可能听起来无关痛痒，但它们实际上都是从更明确的历史辩论中提取的。例如，关于宗教符号的声明代表了长期存在的法律辩论，包括将"十诫"放在法庭上或在国家印章上使用十字架。最后关于祈祷的说法涉及几十年来关于早先最高法院禁止在公立学校进行由教师主导的祈祷和阅读《圣经》的判决的分歧。换句话说，虽然在公共场所提及"宗教符号"或"祈祷"可能听起来相当无害，但它们引发了有争议的政治辩论。

在整本书中，我们将结合调查回收的问答，形成一个0~28或0~24不等的"基督教民族主义量表"（区别在于，关于建国文件是受神启示的问题，并不是每次调查中都会问到）。

基督教民族主义在美国人口中最普及的地方是哪里？虽然以前的书集中于与这种意识形态相关的各种宗教和人口特征，但在这里，我们更密切地关注跨越种族类别的基督教群体之间的差异。[4] 这就是白人基督教民族主义的"白人性"将发挥作用的地方。正如我们看到的，将基督教民族主义的深层故事和政治愿景联系起来的纽带是白人。当这种联系缺失时，就像在基督教民族主义衡量标准上得分很高的美国黑人中一样，与政治愿景的联系就被打破了。

图1.1显示了以下两类人群的平均得分：狭义的基督教教派（例如，小组A中的五旬节派或浸信会）和广义的民族宗教传统派（例如，小组B中的白人福音派教徒）。我们从左开始将分数由低到高排列。有几个发现立即浮出水面。在教派团体中，神学上保守的新教团体得分最高，五旬节派、圣洁派和浸信会传统的团体领先。正如瑞安·伯奇（Ryan Burge）和保罗·朱佩（Paul Djupe）等政治科学家所指出的那样，绝大多数非宗派新教徒都倾向于福音派。[5] 主流传统派在基督教民族主义意识形态上的得分往往较低，与五旬节派和浸信会等团体相比，这可能反映了他们在神学和政治上的自由主义。[6]

就更广泛的民族宗教传统派而言，白人福音派教徒在所有群体中得分最高，而白人自由派新教徒得分最低，这并不奇怪。大多数其他广泛的传统派教徒，包括东正教徒、摩门教徒、白人罗

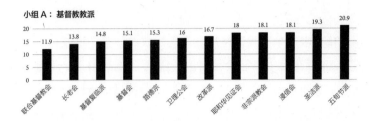

小组 A：基督教教派

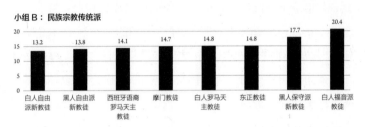

小组 B：民族宗教传统派

图 1.1　基督教民族主义在狭义的基督教教派和广义的民族宗教传统派中的平均得分

注：可能的分数范围为 0~28。"福音派"、"保守派"和"自由派"的标签是在回答一个问题，即被调查者是否认为自己是"重生或福音派基督徒"。那些回答"是"的人被认为是福音派或保守派，而那些回答"否"的人被认为是在神学上更"自由"。

资料来源：公共话语和道德调查（2021 年 2 月第七批调查）。

马天主教徒、西班牙语裔罗马天主教徒以及黑人自由派新教徒，得分与白人自由派新教徒相似。

令人惊讶的是，黑人保守派新教徒的得分更接近白人福音派，而不是黑人自由派新教徒。这一发现是否与我们的论点——基督教民族主义与白人种族认同甚至白人至上主义有关——相矛盾？当我们理解宗教语言在其政治和历史背景下的含义时，就不是这样了。

美国最有效的"狗哨"[*]

赫迪耶·米拉马迪（Hedieh Mirahmadi）2021 年在《基督邮报》上发表的《对"美国白人"的攻击》一文中写道："我们必须承认对保守派基督徒社区的广泛攻击。我使用'美国白人'这个词，尽管具有讽刺意味的是，我们由所有民族和种族组成，但我们团结一致，支持《圣经》和民主价值观，这是我们国家的基础。"[7] 注意作者的假设。她说，保守派基督徒受到攻击，但她认为这是对"美国白人"的攻击。她甚至承认，受到攻击的群体由多个民族和种族组成，但使他们成为"白人"的显然是他们对美国基本的《圣经》和民主价值观的统一立场。其实，米拉马迪的花言巧语并不罕见。白人基督教民族主义者经常利用宗教以这种方式来掩盖种族，但它有点笨拙。她轻易地泄露了秘密。

不过，白人基督教民族主义者并不总是需要玩这个游戏。在民权运动之前，想要煽动选民情绪的白人政客只能使用种族歧视的语言。在民权运动之后，他们必须找到更微妙的方式来唤起种族。他们发明了暗语，引发了白人选民的种族焦虑。共和党战略家李·阿特沃特（Lee Atwater）在临终前承认，当公开说"黑鬼"开始适得其反并伤害政客时，他敦促尼克松采用"州权"和"强制搭乘校车"这样的措辞。后来，里根会用"福利女王"和"雄鹿"这样的词语来诋毁贫穷的黑人。最近的表述包括"超级

---

* "狗哨"（dog whistle）原指用来训练狗的口哨声，音调很高，人类无法听见。在美国政治中，"狗哨"指政客的言论、讲话或广告意在召唤某个特定群体的理解与支持，尤其是抱有种族主义或种族仇恨感但又无法实际表达的群体。参见《剑桥词典》。——译者注

掠夺者"、"暴徒"、"非法移民"和"恐怖分子"。同样，自20世纪20年代的"红色恐慌"以来，"共产主义者"和"社会主义者"这样的词就已经被种族编码了，自20世纪60年代的民权运动以来更是如此。[8] 就像一个只有狗才能听到的高音调口哨声一样，这些暗语对那些有偏见的人来说是独一无二的。

"狗哨"声可以用来表示"我们"和"他们"。自里根时代以来，白人基督教保守派越来越成为共和党政治和身份的代名词。因此，"基督徒"这个词在保守派白人的心目中越来越具有种族内涵。即使是看似种族中立的短语，如"基督教传统"、"基督教世界观"或"基督教价值观"，现在也都意指"保守的白人价值观"。

我们怎么知道这一点？请记住，我们用来衡量基督教民族主义的指标绝对没有提到种族或民族。所以，无论你同意还是不同意这些说法，都应该不会显示出你的种族态度，对吧？但如果你是美国白人，就绝对会有所表露。

图1.2显示了美国黑人和白人认为美国白人或黑人次年将遭受多少歧视的得分情况。我们在约瑟夫·拜登上任后的2021年2月问了这个问题。较低的分数表明，受访者认为白人或黑人不会受到太多歧视。我们使用了一个统计模型，以便跟踪美国人的反应，同时保持政党、政治保守主义、宗教特征和其他社会人口因素的影响不变。然后，我们绘制了预测值如何随着受访者在完整的基督教民族主义量表上的平均得分而变化。

先看小组A。美国黑人的得分趋势基本上是持平的。他们对美国与基督教关系的看法基本上不会影响他们相信美国白人在次年将遭受相对较少的歧视。再看看美国白人。美国白人在基督教民族主义量表上的得分越高，他们认为白人在次年将遭受的歧视就越多。这种趋势是高度线性的，这意味着，对于白人来说，基督教民族主义和反白人歧视的信念同步增强，彼此相关。

小组 B 询问受访者认为美国黑人在次年将遭受多少歧视。

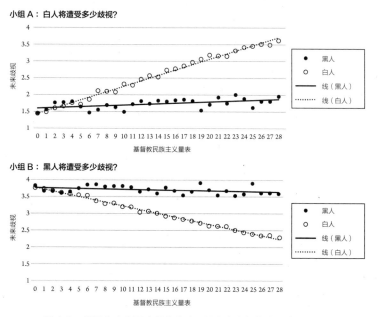

图 1.2　美国白人和黑人认为白人/黑人在次年将遭受多少歧视

注：Y 轴值：1=完全没有；2=一点点；3=一些；4=很多。普通最小二乘法回归模型*（P<0.01）。
资料来源：公共话语和道德调查（2021 年 2 月第七批调查）。

---

　*　普通最小二乘法回归模型包括基督教民族主义量表、政党认同、政治保守主义、宗教传统、宗教虔诚度、年龄、性别、种族、教育程度、收入和所在地区等参数。基督教民族主义与黑人之间存在重要的互动条件。

我们现在看到的是第一个图案的镜像。无论美国黑人如何看待基督教在美国政治中的地位，他们都相信美国黑人将面临一些歧视，这个信念从一开始就很强，并一直保持高位。但对于美国白人来说，他们越是坚定地坚持基督教民族主义，就越不可能认为美国黑人会遭受很多歧视。在这里，这种关联是高度线性的。

我们如何解释这些不同的模式？这是因为我们的基督教民族主义量表实际上只是衡量共和党的身份认同或保守的政治倾向吗？不。请记住，在我们的统计模型中，我们保持这些因素不变，宗教传统、宗教虔诚度、年龄、教育程度，甚至该国所在地区等因素都不变。事实上，这些相同的模式也适用于我们在各种调查中提出的大多数政治问题。基督教民族主义的指标（包括组合或单独指标）是美国白人极端保守主义的有力预测因素，特别是在涉及种族、歧视、仇外心理或正义的任何问题上。但这些指标对美国黑人的态度影响甚微，对西班牙语裔美国人的影响也很小。[9] 如前所述，白人是将基督教民族主义的深层故事转化为政治愿景的隐藏环节。

狗哨政治的时代结束了吗？也许。虽然不是以人们想象的那种方式。本来一些上不了台面的看法现在被越来越多地大声说出来，不仅如此，还被喊破天。例如，2020 年 7 月，福音派活动家埃里克·梅塔克萨斯（Eric Metaxas）在推特上写道："耶稣是白人。即使他没有罪，他也有'白人特权'吗？"这种说法表面上是荒谬的。"白种人"的概念在耶稣的时代甚至都不存在，但梅塔克萨斯的信息足够清楚："耶稣是我们中的一员。他是我们部落的一部分。"我们和他一样，没有（种族的）原罪。

美国黑人更有可能在基督教和白人之间建立截然不同的联

系，无论是现在，还是在我们国家的历史中。正如作家詹姆斯·鲍德温（James Baldwin）所写的那样：

> 美国黑人有一个巨大的优势，那就是他们从来不相信美国白人所信奉的种种神话：他们的祖先都是热爱自由的英雄，他们出生在世界上有史以来最伟大的国家；美国人在战争中是不可战胜的，在和平中是明智的，他们总是体面地对待墨西哥人、印第安人以及所有其他邻居或劣等人。[10]

鲍德温解释说，相信这些神话的美国白人是"他们自己洗脑的有点疯狂的受害者"。50年过去了，鲍德温的话听起来仍然比许多美国白人想要相信的更真实。

基督教牧师和政治家在编造和传播这些神话方面发挥了核心作用。例如，已故牧师詹姆斯·肯尼迪（D. James Kennedy）2003年出版了《如果美国再次成为基督教国家》（*What if America Were a Christian Nation Again?*）一书。他在书中写道，"美国是由朝圣者和清教徒建立的"，"直到1775年，98%的人都是（福音派）"。前众议院议长、《在美国重新发现上帝》（*Rediscovering God in America*）一书的作者纽特·金里奇（Newt Gingrich）曾在著名电视节目《与媒体见面》（*Meet the Press*）上说过，"大多数人没有意识到在公立学校祈祷是非法的"。阿拉斯加州前州长萨拉·佩林曾经向比尔·奥莱利解释为什么"美国是一个基督教国家"。她声称，"你可以去看看我们开国元勋的早期文件，看看他们如何起草《独立宣言》，以及允许犹太–基督教信仰成为我们生活基础的宪法"。她总结说，美国的建国文件"非常清楚地表明，我们将根据《圣经》中的上帝和十诫来制定律法"。[11]

这些都是神话：美国并不是由朝圣者和清教徒建立的。98%的美国居民在建国之初都不是"福音派"。在公立学校祈祷从来都不是违法的。宪法绝对没有提到上帝、《圣经》或十诫。

这不仅仅是"世界观"的差异。这并不是说基督教民族主义者对美国历史有不同的理解，而是说他们对美国历史往往有不正确的理解。但前提是，他们是白人。在我们的一项调查中，我们给受访者做了一个简短的测试，其中包括美国政治史上关于宗教的五个真 / 假陈述。

1. 宪法第一修正案规定，国会不能限制宗教自由，但可以制定法律，使基督教享有特权。（假）

2. 美国宪法多次提到我们国家对上帝的义务。（假）

3. "我们相信上帝"（In God We Trust）这句话直到 1950 年之后才成为美国的国家格言。（真）

4. 直到 1950 年之后，"在上帝的庇护下"（under God）这句话才被添加到效忠誓词中。（真）

5. 最高法院在 20 世纪 60 年代裁定，学生在公立学校祈祷或阅读《圣经》是非法的。（假）

受访者可以回答真、假或不知道。然后，我们计算了美国人在测试中的平均正确率。图 1.3 显示了美国白人和黑人在坚持基督教民族主义方面的得分变化情况。美国黑人在测试中往往比白人得分低，这主要是因为他们更有可能简单地说他们不知道。但是，他们在测试中的分数与他们坚持基督教民族主义之间没有联系。白人则不然。他们在基督教民族主义方面的得分越高，在测试中的得分就越低。为什么？不是因为他们没有给出答案，而是因为他们给出了错误的答案。

为什么他们会被如此误导？部分原因是有一群人或组织在不断传播错误的历史信息。它包括像大卫·巴顿这样的业余"历史学家"和宗教权利组织，如"爱家协会""建墙者"，甚至唐纳德·特朗普的"1776委员会"。但是，如果历史上的错误信息是故事的全部，那么我们就会认为这些关于宗教在美国政治史上地位的错误观点在美国黑人中也会表现出同样的模式。但事实并非如此。

研究表明，这不仅仅是简单的无知。当学者评估宗教保守派对科学的许多方面（例如，原子、激光、病毒或基因）的了解

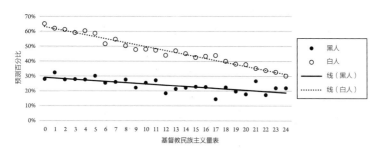

图1.3　在有关基督教民族主义和种族的美国政治史测试中，宗教问题的平均正确率

注：普通最小二乘法回归模型（P<0.05）。

资料来源：公共话语和道德调查（2020年8月第四批调查）。

时，他们的得分很高。只有当他们被问及竞争激烈的文化战争话题（例如，进化论或大爆炸）时，他们才会表现得很差。这就是为什么那些更强烈地认为美国应该支持"像我们这样的人"的美国白人，更有可能以一种提升基督教的优越地位和所谓迫害的方式来回答关于美国政治史上有关宗教的问题。不仅他们可能学到了错误的宗教历史，而且白人基督教民族主义的意识形态可能倾向于重新解释他们的历史，其中一个重要表现是将自己所属的群体提升为英雄和受害者。

当看到基督教民族主义如何与白人对南北战争和邦联纪念碑的看法相对应时，我们可以更直接地体认到这种意识形态驱动的对待历史的方法。2020 年 8 月，我们询问美国人是否相信"历史学家仍在争论奴隶制为南北战争的核心原因"（坦率地说，历史学家在这个问题上几乎没有争议）。我们还问他们是否支持拆除邦联纪念碑和前奴隶主的雕像（其中绝大多数雕像是在 20 世纪初竖立起来的，目的是肯定南北战争前南方的价值）。之所以要拆除它们，是因为这些雕像是种族主义的遗产（见图 1.4）。即使在保持其他相关指标不变的情况下，随着美国白人越来越强烈地肯定基督教在美国公民生活中的中心地位，他们就越有可能质疑奴隶制在南北战争中的中心地位，并反对拆除美国白人至上主义历史的纪念碑。

了解这些模式有助于我们理解到，白人基督教民族主义不仅仅是一套关于美国过去的有意识的（甚至是错误的）信念，而且是对美国未来的一系列无意识的憧憬。我们的量表旨在了解有多少美国人认为政府应该正式承认国家的"基督徒"身份或倡导

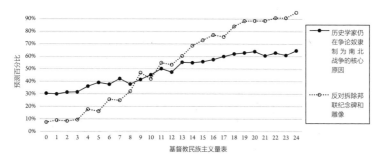

图 1.4　质疑奴隶制在南北战争中的核心地位，

以及反对拆除邦联纪念碑和雕像的美国白人预测百分比

注：二元逻辑回归模型*。

资料来源：公共话语和道德调查（2020 年 8 月第四批调查）。

"基督教价值观"。当我们把这些看法理解为种族化的术语时，就能理解为什么那些赞成在美国政治中将"基督教"制度化的美国白人，担心白人在民主党总统的领导下会受到威胁，担心黑人会受到特殊待遇。

　　这就是为什么我们必须明确说明，我们在本书中描述的现象的确可被称为白人基督教民族主义。争论的焦点不仅仅是宗教怀旧甚或宗教保守主义，好像这些东西超越了民族和种族身份。恰恰相反，它其实是一种尖锐的民族传统主义，其中"白人"和"基督徒"被混为一谈，统称为"白人基督徒"。

　　狗哨在目标人群听到并理解其预期含义的范围内是有效的，而大多数其他人却浑然不觉。即使主流政客使用"暴徒"或"福

　　＊　二元逻辑回归模型包括基督教民族主义量表、政党认同、政治保守主义、宗教传统、宗教虔诚度、年龄、性别、教育程度、收入以及所在地区等参数。

利女王"等负面狗哨的风险越来越大，但"基督徒"这个词仍然是右翼对白人保守派最有效的信号，表明"我们的价值观"、"我们的传统"、"我们的生活方式"和"我们的影响力"正受到攻击，"我们"必须做出回应。基督教和所谓的"美国特性"都被种族化了。

但是，白人基督教民族主义的民族传统主义在白人中激起了怎样的反应呢？我们与白人基督教民族主义相关的特征都可以被认为是通常所说的"民粹主义"的组成部分，它是一种将腐败的"精英"与有道德的普通人对立起来的取向或意识形态。除其他内容外，其组成部分是将少数族裔作为替罪羊。不信任科学、媒体和"建制派"政客，对强人领袖的信任，以及阴谋论思维等，都是白人基督教民族主义的特征。因此，它是美国右翼民粹主义中最强劲的潮流之一，也是美国政治两极分化的主要驱动力之一。

我们能够克服这种两极分化吗？

为什么COVID-19的"小行星"没有让我们团结起来？

道德心理学家乔纳森·海特的研究已成为理解美国政治两极分化的主要来源之一。2012年，他出版畅销书《正义之心：为什么人们总是坚持"我对你错"》。书中颇有先见之明地描述了日益加剧的两极分化，这既是特朗普总统上台的原因，也是其结果。然而，最终，即使是海特的诊断，也被证明过于乐观。海特在2012年出版这本书时发表了一场颇受欢迎的TED

（Technology, Entertainment, Design 的缩写，即技术、娱乐、设计）演讲。他沉思道，一个共同的威胁可能会恢复美国政治中的共识点。他推测，如果美国人得知一颗大型小行星将在几年内撞击地球，他们肯定会抛开小分歧，共同制定战略，协调和牺牲，这样人类才能生存下去。

然后，这颗小行星以 COVID-19 的形式到来。美国人没有团结起来。相反，他们变得比以往任何时候都更加两极分化。可以肯定的是，在 2020 年的头几个月，关于如何阻止 COVID-19 传播的一致信息很难确定。但是，在回答以下问题时，人们出现了熟悉的分歧：谁应该受到指责？我们信任谁？我们该怎么办？白人基督教民族主义所激发的民粹主义冲动塑造了这三个问题的答案。

在美国 COVID-19 疫情暴发的最初几个月里，媒体对特朗普总统进行了严厉的批评，他在尽量减少病毒的威胁方面做得不够。随着感染人数和死亡人数开始螺旋式上升，特朗普及其盟友试图推卸责任。正如美国历史上经常发生的那样，少数族裔成为替罪羊。在这种情况下，替罪羊是华裔美国人和移民。现在依然如此。共和党政客和专家，如佛罗里达州州长罗恩·德桑蒂斯和福克斯新闻评论员塔克·卡尔森，很快就将德尔塔变体归咎于穿越南部边境到美国的"非法移民"。

特朗普和他的许多共和党代理人或支持者一再将这种冠状病毒称为"中国病毒"或"功夫流感"，并暗示该病毒要么是从实验室泄漏的，要么是故意从中国实验室被释放出来的。换句话说，特朗普政府不应该对这种病毒负责，应该负责的是中国。仅在 3 月下半月，特朗普就使用了 20 多次"中国病毒"。一名摄影师拍下了特朗普演讲笔记的照片，其中他划掉了"Corona"（冠状病毒）这个词，插入了"Chinese"（中国人）这个词。其他时候，基督教民族主义评论员奇怪地指责墨西哥移民加剧了大流行，尽管当时墨西哥基本上没有受到COVID-19的影响。2020年3月10日，墨西哥总共报告了七例COVID-19病例，但是"美国转折点"组织（Turning Point USA）的创始人兼总裁、利伯缇大学福尔柯克中心前主任查理·柯克（Charlie Kirk）在推特上说："现在，我们比以往任何时候都更需要这堵墙。随着中国病毒在全球蔓延，如果我们能够控制我们的边境，美国就有机会。"特朗普转发了这条推文，并在下面评论："病毒正快速蔓延。我们比以往任何时候都更需要建墙。"

2020年5月，我们向美国人询问了与种族、移民和大流行有关的各种问题。这些回答很能说明问题（见图1.5）。我们的模型考虑了可能导致美国白人支持特朗普将中国、中国人或墨西哥移民作为替罪羊的各种因素，如保守的意识形态、共和党身份或教育程度。即使在保持这些因素不变之后，我们发现，对基督教民族主义的观点坚持程度越高，白人越有可能认为美国宽松的移民法是大流行的部分原因。这种观点认为，应该停止所有移民，以保护美国的就业机会，可以建造南部边境墙，以阻止进一步的大流行，并认为将COVID-19称为"中国病毒"并不是种族歧视。

但白人基督教民族主义不仅与指责国外的少数族裔有关，也与白人指责国内少数族裔不成比例的感染率有关。在大流行早期，很明显，较贫穷的少数族裔社区感染COVID-19的比例更高。公共卫生学者认为，这主要是由于较贫穷的少数族裔更有可

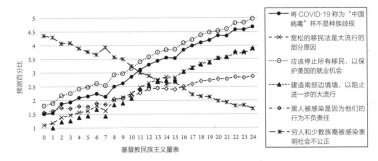

图 1.5　美国白人对于将种族和移民与 COVID-19 大流行联系起来的问题的认知预测

注：普通最小二乘法回归模型。

资料来源：公共话语和道德调查（2020 年 5 月第三批调查）。

能在无法保持安全距离的环境中工作（例如，食品服务），有并发症，并且生活在较少获得医疗保健的地区。[12] 然而，我们询问美国人，他们在多大程度上同意将较高的感染率归咎于行为不负责任的美国黑人，或者相反，归咎于我们不公正的社会（见图1.5）。正如我们所料，美国白人越是肯定基督教民族主义，就越有可能责怪黑人，并且不同意他们较高的感染率是由较差的环境造成的。除非我们记住，对于白人来说，政治神学也反映了关于公民归属感和价值的种族化假设，否则这些模式就没有多大意义。[13]

　　但是，由于白人基督教民族主义最终是关于"我们"（善良而体面的美国人）与"他们"（希望获得理应属于我们的种种权利的局外人）的斗争，这也决定了美国人在大流行期间会信任谁提供的信息。在 2020 年 5 月的同一项调查中，我们提供了一份实体清单，包括唐纳德·特朗普、共和党人、国会、宗教团体、科学家、疾病预防控制中心（CDC）和其他来源。然后，我们询问受访者对每个群体有关 COVID-19 信息的信任程度。图 1.6 显示了到底是"极大"信任疾病预防控制中心、医疗专业人员或科学家，还是"极大"信任唐纳德·特朗普的美国白人预测百分比。我们绘制了白人对基督教民族主义坚持程度的平均值。

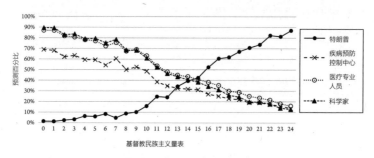

图 1.6　在 COVID-19 疫情期间，"极大"信任专家或唐纳德·特朗普的美国白人预测百分比

注：二元逻辑回归模型。

资料来源：公共话语和道德调查（2020 年 5 月第三批调查）。

差异是惊人的。即使考虑到宗教、政治和社会人口特征，随着对基督教民族主义认同感的增强，美国白人对每个专家组的信心也会从高处开始，然后急剧下降。而对特朗普则恰恰相反。随着对基督教民族主义认同感的增强，对唐纳德·特朗普的信任不断飙升。最终的结果是，在基督教民族主义的极高水平下，只有不到 20% 的美国白人对专家表示"极大"的信任，而超过 85% 的美国白人对唐纳德·特朗普表示"极大"的信任。

不出所料，鉴于白人基督教民族主义者对特朗普的巨大信任，我们看到在基督教民族主义方面得分较高的美国白人也对主流新闻媒体产生了相应的不信任。所有总统都与自由媒体有着复杂的关系，事情也本该如此。在民主国家，媒体应该能够对政治领导人进行监督，对虚假声明进行事实核查，并报道政策失败的实际后果。但与尼克松以来的其他总统不一样，唐纳德·特朗普以抨击"蹩脚"的新闻媒体为"假新闻"而闻名，这既利用又加剧了民粹主义者对主流媒体的不信任。在大流行期间，他对媒体的谩骂和攻击有增无减。例如，2020 年 2 月 26 日，特朗普在推特上写道："低收视率的假新闻 MSDNC（Comcast，康卡斯特）和 CNN（美国有线电视新闻网）正在尽一切可能使冠状病毒看起来尽可能糟糕，如果可能的话，还包括制造市场恐慌。同样，他们无能的'无所事事'的民主党同志也只会说空话，不干实事。美国的情况棒着呢！"

在这条推文和其他推文中，特朗普向他的粉丝保证，媒体正在积极与民主党人合作，夸大 COVID-19 的威胁，希望让市场陷入困境，让他本人看起来很糟糕。因此，当我们在 2020 年 5 月询问美国人对 10 个不同新闻来源的信任程度时，在美国白人中，随着他们对基督教民族主义的坚持程度不断提高，他们对所有新闻媒体的总体信任度直线下降，这应该不足为奇。只有两个例外：福克斯新闻和布赖特巴特新闻。随着对基督教民族主义的认同感增强，美国白人对这两家新闻媒体的信任程度开始上升。

鉴于人们对医学专家和主流新闻媒体的信任存在如此大的差异，白人基督教民族主义有力地预测出，在大流行的早期阶段，大多数新闻媒体宣传的卫生专家的建议会遭到抵制，这也就不足为奇了。当我们在 2020 年 5 月询问美国人，他们多久遵循一次卫生专家建议的限制 COVID-19 传播的预防措施，例如在公共场所戴口罩或更频繁地洗手时，在基督教民族主义方面得分较高的美国白人这样做的可能性要小得多。事实上，他们更有可能做出专家不鼓励的行为，例如与很多人会面、在餐馆吃饭或去购买非必需品。[14]

在抵制 COVID-19 疫苗方面，这些模式已经反复出现。2020年年底和 2021 年年初进行的民意调查发现，白人福音派新教徒最有可能说他们不打算在 COVID-19 疫苗上市时接种。虽然大多数记者和学者很快就能够指出这些模式背后是对专家的不信任和自身的无知，但很少有人认识到白人基督教民族主义在福音派人群中的作用。如图 1.7 所示，即使在统计模型中考虑了其他相关因素，在我们 2021 年 2 月所做的基督教民族主义量表上得分最低的美国白人中，也只有大约 5% 的人表示他们不会接种疫苗。但在基督教民族主义量表的最高水平上，这一比例稳步攀升至50%。相比之下，在具有较少基督教民族主义倾向的美国白人中超过 85% 的人表示他们要么在 2021 年 2 月之前接种了疫苗，要么会尽快接种疫苗。在基督教民族主义意识形态最狂热的支持者中，这一比例呈线性下降，不到 30%。[15]

专家建议包括关闭企业和强制隔离令，它们会对经济产生潜在的不利影响，这是特朗普抵制专家建议的部分原因。特朗普在多个场合重复"治疗方法不能比疾病更糟糕"这句话，强调保持经济封闭最终会比为了阻止病毒传播而施加更多限制措施更具破坏性。在 2020 年 3 月的白宫新闻发布会上，特朗普表示，关于如何处理大流行的决定不能交给医学专家："如果由医生决定，他们可能会说，'让我们关闭整个世界'。你知道，我们不能那样做。"右翼专家在广播或社交媒体上也发表了类似的声明。福克斯新闻主持人劳拉·英格拉姆说："医生提供医疗和治疗——

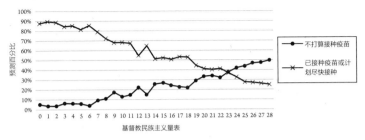

图 1.7　COVID-19 疫苗接种状况的美国白人预测百分比

注：二元逻辑回归模型。

资料来源：公共话语和道德调查（2021 年 2 月第七批调查）。

他们不应该成为政策制定中的决定性声音。"查理·柯克也对此表示不满，"我们不被允许问这个问题……患病人数应该是我们在道德考量中的唯一变量吗？我们采取的措施正在摧毁美国经济，这一点也是无可非议的"。公开信奉基督教的民族主义牧师兰斯·瓦尔瑙甚至进一步认为，破坏经济是民主党在整个竞争中的全部策略。"病毒只会影响一小部分人口，"他解释说，"左翼希望经济陷入困境，因为危机增加了他们执政的机会。"

支持特朗普的其他基督教右翼分子则强调口罩令和封锁限制对个人自由构成了威胁。例如，阿肯色州前州长、浸信会牧师迈克·赫卡比在 2020 年 4 月中旬表示，封锁执法正在威胁美国人的"公民自由"，并有效地"撕毁宪法"。同样，牧师约翰·麦克阿瑟因在大流行期间重新开放他的巨型教堂并劝阻人们戴口罩而受到全国性的批评，他警告说："如果我们恐吓人们说他们可能会死，他们就会变得完全听话。他们会放弃自由，他们会戴上愚蠢的口罩……他们会待在房子里不出来，你想让他们待多长时间就待多长时间。你可以利用恐惧征服整个国家。"

特朗普和其他人对专家建议的抵制，不仅仅是小政府、自由市场保守派心态的反映，他们把自由选择和繁荣视为解决社会弊病的灵丹妙药。它与白人基督教民族主义密切相关。我们稍后将更多地讨论这种联系，但现在我们可以清楚地看到白人基督教民族主义如何塑造白人对 COVID-19 强制封锁和保持社交距离令的反应情况（见图 1.8）。美国白人越是强烈地肯定基督教民族主义，就越有可能倾向于认同需要保护个人自由和经济的言论，即使这意味着将老年人或弱势群体置于危险之中。相反，白人越是坚持基督教民族主义，就越不可能优先考虑弱势群体。[16]

　　重要的是要认识到白人基督教民族主义与社会科学家传统上衡量的"宗教虔诚"有多大不同。正如其他研究表明，白人基督教民族主义和宗教虔诚是不一样的，它们往往在社会正义和平等问题上将美国白人推向不同的方向。在这种情况下，白人基督教

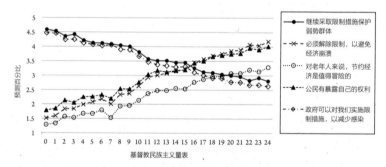

图 1.8　美国白人预计同意在考虑 COVID-19 封锁时优先考虑经济、个人自由或弱势群体的言论

注：普通最小二乘法回归模型。

资料来源：公共话语和道德调查（2020 年 5 月第三批调查）。

民族主义与宗教虔诚背道而驰。也就是说，一旦我们在统计模型中考虑了基督教民族主义，那些更经常去教堂、更频繁地祈祷、认为宗教更重要的美国白人，就不太可能把经济或自由置于弱势群体之上。为什么会这样呢？这是因为白人基督教民族主义主要关注民族传统主义，只保护一个定义非常狭隘的"我们"的自由。相比之下，宗教虔诚可以扩大哲学家彼得·辛格所说的"共情圈"，即我们换位思考的能力。

但是，如果白人基督教民族主义缩小了我们的共情圈，那么还有另一种紧密相关的意识形态，它有助于解释为什么圈子外的人如此不值得帮助。

另一只狗哨

对于肯定基督教民族主义意识形态的美国白人来说，"真正的美国人"不仅仅是天生的白人公民，他们在堕胎或变性人权利等问题上认同保守的基督教。它还有另一层含义，且与保守的基督教身份认同纠缠在一起：自由主义的自由市场资本主义。我们稍后将广泛讨论这种个人主义思想的历史发展和政治影响。但在这里，我们想介绍并展示它们在经验上是如何联系在一起的，它们如何影响白人基督教民族主义所倡导的经济政策，以及白人基督教民族主义最害怕的群体。不出所料，我们还发现，基督教民族主义和自由主义的自由市场资本主义之间的"爱情"是一种种族化的"爱情"，这种情感在美国白人中表现得最为强烈。

2020年11月，我们向美国人提出了一系列关于经济制度和经济政策的问题。我们统计有多少美国人赞同"自由市场是我们国家繁荣的关键""我们绝对不能过度监管企业，否则将扼杀生产力"等说法，以及赞同"我们需要强大的社会安全网来为那些无法工作的人提供保障""政府应该干预以减少经济不平等"等说法，以形成一个量表。我们通过程序计算那些得分较高的人能否反映出他们支持自由市场资本主义的程度。我们运行的统计模型发现，美国人在政治保守主义方面的得分越高，越能反映出他们支持自由市场资本主义的程度，而且预测最为准确；另外，在基督教民族主义方面得分越高，越可以预测其对自由资本主义支持的程度。

但同样有趣的是，我们发现基督教民族主义与对自由市场理想的强烈偏好之间的这种联系是白人独有的。图 1.9 显示了美国白人和黑人在基督教民族主义方面的不同模式。正如我们在之前的数据中看到的那样，随着基督教民族主义量表得分的增加，美国黑人在支持强烈的自由市场态度方面表现相当稳定。但美国白人对市场经济不受政府干预的支持程度大幅提高。

我们应该记住，正如我们在衡量基督教民族主义分值时没有

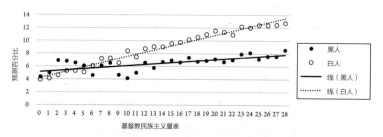

图 1.9 基督教民族主义和种族对自由市场理想的偏好预测

注：普通最小二乘法回归模型（p=0.001）。

资料来源：公共话语和道德调查（2020 年 11 月第六批调查）。

提到种族一样，这些衡量指标也未提到任何关于经济或市场的事情。那么，为什么我们仍会看到基督教民族主义与对不受约束的资本主义的强烈偏好之间存在如此强大的关联呢？为什么这种模式对美国黑人来说会有所不同？

这个问题历史悠久，我们很快就会解开历史的秘密。简单来说，由人为建立起来的"基督教国家"的概念，不仅在文化上与白人基督教文化密不可分，而且与追随者将"粗犷的个人主义"与自由市场资本主义联系起来这一现象密不可分。它是整个身份认同的一部分。经济上的利己主义和个人主义不仅是"理性的"或"有效的"，而且是"真正的美国人"和"好基督徒"所看重的。

那么，"坏人"看重什么？在 2020 年出版的《社会主义者不睡觉：基督徒必须崛起，否则美国将会衰落》（*Socialists Don't Sleep: Christians Must Rise or America Will Fall*）一书中，保守派评论作家谢丽尔·查姆利（Cheryl Chumley）解释说："真正的敌人是集体主义。"她接着说，"如今，有太多的狼在教堂里横行，破坏了真正的《圣经》原则，破坏了上帝的真实话语，制造了一种混乱的信息，其目的就是在一个极左意识形态没有权利存在的国家里推行一种危险的极左意识形态。耶稣不是社会主义者。"[17] 想想这里使用的并列短语："真正的《圣经》原则""上帝的真实话语"与一种叫作社会主义的"危险的极左意识形态"相互对立。追随耶稣、热爱美国等同于热爱个人主义和自由意志主义的自由，这就表现为对资本主义的忠诚和对社会主义的明确拒斥。

2020 年 1 月 3 日，唐纳德·特朗普在"福音派支持特朗普"集会上的演讲中警告观众：

> 我们的对手想把上帝从公众中排挤出去，这样他们就可以将他们的社会主义议程强加给美国。美国的极左势力正试图用政府取代宗教，用社会主义取代上帝。这就是正在发生的事情……我们今天再次下定决心：美国永远不会成为一个社会主义国家；美国不是由社会主义者建立的，而是由去教堂、崇拜上帝、热爱自由的爱国者建立的。

同样，保守派挑衅者迪内希·德索萨（Dinesh D'Souza）在其 2020 年出版的《社会主义的美国》（*United States of Socialism*）一书中解释说，社会主义者"仍然会试图妖魔化白人男性，并将基督教符号赶出公共空间"。德索萨本人并非白人，也没有作为白人基督徒被关注的个人经历。但是，他将白人和基督徒放在一起并非巧合。在他看来，很可能在他的读者心目中，社会主义者对一方的攻击也可能是对另一方的攻击。最后，他告诫读者："我们需要新一代的领导人，他们能够有效吸收特朗普所做的事情，无畏而快乐。特朗普已经让击败左翼分子和社会主义者变得很有趣，即使特朗普不在台上了，我们也必须继续享受特朗普式的经历，成为一个敢打敢冲的共和党人、基督徒和右翼美国资本家。"[18]

"基督教"语言的狗哨特征在这里得到了充分展示。我们可能都会问："德索萨所描述的'特朗普式的经历'究竟有多少

'基督教'含义？"但是，如果德索萨对政治学家莉莉安娜·梅森（Lilliana Mason）所说的"超级身份"（mega-identity）有吸引力，那么将"基督徒"插入一系列身份认同的清单中就完全说得通了，因为这种"超级身份"认同将"像我们这样的人"与"像他们这样的人"区分开来的各种个人身份融合在一起。[19] 按照特朗普和德索萨的说法，作为一个忠实的美国人，既要在公共场合宣扬基督教，又要反对那些用社会主义取代"我们的"文化和繁荣的自由市场的人。德索萨用他经常使用的一句话将种族和经济威胁融合在一起，那就是"身份社会主义"。黑人的命也是命？民主社会主义者？这些名称都是同一个敌人的不同名称而已，其目的就是努力摧毁"我们的"自由。

2021 年 2 月，我们询问美国人，他们在多大程度上同意某些群体——保守的基督徒、无神论者、穆斯林和社会主义者——持有的道德价值观不如像他们这样的人，想要限制像他们这样的人的人身自由，并危及像他们这样的人的人身安全。然后，我们将这些回答加起来，制成一个量表，衡量对以上不同群体的反感和恐惧程度。不出所料，在白人基督教民族主义方面得分较高的美国白人认为保守的基督徒很好，他们更有可能对无神论者、穆斯林和社会主义者持有偏见。但令我们惊讶的是：白人基督教民族主义与对无神论者或穆斯林的反感或不信任之间没有最强烈的联系。你可能会认为，这些团体对想要一个"基督教国家"的美国人构成了最大的威胁。相反，白人基督教民族主义与对社会主义者的反感之间存在最强烈的关联。白人基督教民族主义认为，最具威胁性的是社会主义者这一群体，而不是无神论者或穆斯林。

鉴于这种联系，当我们运行回归模型来评估哪些预测因素在我们的反社会主义量表上得分更高时，基督教民族主义是最大的因素，甚至高于保守的政治意识形态或党派认同，这也就不足为奇了。这就是我们在模型中所说的"怪物"。这一现象表明，"社会主义者"似乎最具威胁性，共和党人或政治保守派本身或许不一定这样看，但那些将基督教民族认同与自由市场资本主义融合在一起的美国人绝对会这样看。

然而，情况远不止这些。如图 1.10 所示，这种模式存在于美国白人中，但不存在于黑人中。美国黑人对社会主义者的负面看法不会稳步上升，无论他们在基督教民族主义量表中得分有多高。但是，随着美国白人支持基督教民族主义的程度提高，他们对社会主义者的反感和恐惧几乎涵盖了所有层级。

因此，不是一般的美国人把基督教国家的概念等同于自由市场资本主义，而是美国白人。

我们已经解释过，由于"基督徒"这个词在许多白人的心目

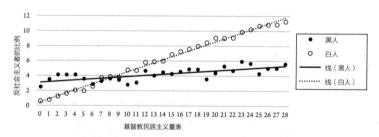

图 1.10　关于基督教民族主义和种族对社会主义者的反感和恐惧的预测

注：普通最小二乘法回归模型（p<0.001）。

资料来源：公共话语和道德调查（2021 年 2 月第七批调查）。

中具有种族内涵，因此已经成为团结白人保守派捍卫"我们的生活方式"、"我们的遗产"或"我们的国家"的权利的宝贵狗哨。但正如特朗普和他的基督教右翼代理人的言论所表明的那样，"社会主义者"这个词也已经成为坚持基督教民族主义意识形态的美国白人的关键狗哨，有助于识别对"我们"构成如此严重威胁的"他们"。

结论

值得重申的是，我们的基督教民族主义量表对种族或经济绝对没有任何意义。然而，对于美国白人来说，在公共场合将基督徒身份和价值观制度化的愿望与许多其他想法密切相关。

白人基督教民族主义是我们对许多美国白人的民族传统主义的称呼，它将种族、宗教和民族认同（深层故事）以及渴望保持因人口和文化变迁（想象）而受到威胁的文化和政治权力混为一谈。虽然一直有各种各样的基督教团体与相关的表达方式，我们在这里不是简单地"让基督教摆脱困境"，但在白人基督教民族主义中，"基督徒"一词往往更类似于一个狗哨声，它呼唤一个受委屈的部落，而不是描述一个人的信仰内容。用迪内希·德索萨的话来说，如今"基督徒"是指那些"敢打敢冲的共和党人、基督徒及右翼的美国资本家"，它通常假定基督徒是白人。

正如我们已经表明的那样，当我们看到我们的基督教民族主义量表对美国白人和黑人的作用衡量存在不小的差异，"基督教国家"和"基督教价值观"言语中暗含的"白人"潜台词就变得很明显了。对于美国黑人来说，信奉基督教民族主义与他们对种族歧视、美国宗教历史、COVID-19 疫情或经济的看法几乎没有任何关联。虽然我们在这里没有展示它，但一旦我们考虑了其他相关特征，它与黑人对种族不平等、移民、伊斯兰恐惧症或枪支管制的态度之间也几乎没有关联。

但对于美国白人来说，信奉基督教民族主义是在每个有争议的政治问题上采取极端保守主义立场的最有力的预测因素之一。白人基督教民族主义的民族传统主义继而助长了白人民粹主义。当我们考虑哪些美国人更有可能将 COVID-19 大流行归咎于移民、中国人或黑人时，我们就能看到这一点；哪些美国人信任唐纳德·特朗普和布赖特巴特新闻网站的东西，而不是专家和报道 COVID-19 疫情的主流新闻；又有哪些美国人将个人自由和经济繁荣置于保护脆弱生命的优先地位之上。

白人基督教民族主义、个人自由和经济繁荣之间的联系在很大程度上塑造了我们当代的政治格局。白人、基督教和对自由意志主义的自由市场理想的忠诚之间的这些联系最初是如何出现和发展的？历史比你想象的要久远得多。

第 2 章

1690 年精神

2019 年，《纽约时报》启动了"1619 项目"。为什么是"1619"？那一年，20 名遭绑架的非洲人抵达英国殖民地弗吉尼亚州的康福特港海岸，然后被卖，一生受奴役。就这样，黑人奴隶制的历史在殖民地也就是后来的美国开始了。在一系列播客节目中，该项目的负责人、记者尼科尔·汉娜-琼斯追溯了这一时刻直到今天的后果。她声称，1619 年在美国历史上是与 1776 年同等重要的年份。这一说法既引起了热烈的掌声，也引发了很多愤怒，这些掌声和愤怒打破了可预见的党派路线。[1]

2020 年 10 月，在竞选连任失败前不久，当时的特朗普总统组建了"1776 委员会"。该委员会中没有专业历史学家，但由保守的希尔斯代尔学院的高管以及查理·柯克和其他知识分子、政客与专家领导。该委员会于 2021 年 1 月 18 日匆忙发布了书面报告，当时距离国会大厦骚乱不到两周，距离约瑟夫·拜登就任总统职位仅两天。作者坚持认为"美国有一个明确的生日"：不是1619 年的某一天，而是"1776 年 7 月 4 日"。该报告将"奴隶制"与"法西斯主义"和"共产主义"并列为"对美国原则的挑战",它所列出的挑战还有"进步主义"和"身份政治"。该主张也遭到了类似的褒贬不一的评价,但这些评价的党派色彩更浓。[2]

在以上两个日期之间还有一个关键的里程碑——确切地说,不是创立日,而是一个转折点。这是因为在1690年左右,种族主义、启示论和民族主义首次融合成一个深层故事。重要的是要强调,如果一些殖民者采取不同的行动,事情可能会有所不同。你可以说,1690年,我们失去了对新世界生活的另一种愿景:原住民和殖民者将和睦相处,甚至共同生活;白人和黑人之间的界限尚未完全和不可逆转地对应着自由与奴役之间的界限;一个不仅能容纳非新教徒,也能容纳非基督徒的地方。这一愿景的消亡与一个新愿景的诞生同时发生:一个由白人新教徒主导的社会秩序,这一秩序与所谓的"红色野蛮人"、黑人奴隶和罗马教皇相对立。在这种秩序中,种族、宗教和民族主义应该保持一致——必要时还可诉诸武力。这就是1690年精神,即白人基督教民族主义的精神。

在随后的几个世纪中,种族、宗教和民族的原始联盟被反复调整,但从未彻底改变。白人的界限被扩大,为接连不断的欧洲移民腾出空间。起初只认新教徒,但最终也对天主教徒和(一些)犹太人开放,不过应该强调的是,他们起初并不被认为是白人。[3]美国的边界稳步向西扩展到太平洋,然后扩展到更远的地方。这个国家变成了一个由白人统治的帝国,"种族"成倍增加:在"黑色"和"红色"之外,又添加了"棕色"和"黄色"。虽然这个深层故事的演员阵容发生了很大变化,但剧本本身变化不大。在1690年精神中，白人意味着"自由"和"秩序"，但也意味着"暴力"：反对黑人奴隶的自由；反对本土"野蛮"人的秩序，以及作为确保实现两个目标的暴力手段。

我们的愿景更接近"1619项目"，而不是"1776委员会"。但它也在重要方面与两者不同。在"1619项目"中看到的大部分是连续性的地方，我们看到了很多偶然性。1619年，一个更具包容性和平等的社会仍然是可能的，如果不是很可能的话。正是清教徒思想家和领导人的决定和行动扼杀了它。更重要的是，这种可能性不仅被遭绑架的非洲人的奴役扼杀，而且被与原住民及其法国天主教盟友的战争扼杀。"白人"的定义不仅与"黑人"相对立，而且与"红色"相对立，不仅在肤色方面，而且在宗教方面，即新教徒与天主教徒，基督徒与"异教徒"之间的对立。[4] 第一批殖民者犯了两项"原罪"，而不是一项。我们经常忘记第一项原罪，即对原住民的暴力剥夺，部分原因是暴力和疾病使原住民留下的后代非常少，难以给我们提醒。1690年精神是将白人统治建立在非白人机构、原住民的土地以及所有政治机构之上。

至于"1776委员会"，它在那里看到了断裂，而我们看到了重复。1776年，一个更具包容性和平等的社会再次出现，即使只是短暂的。一些白人以及许多非白人按照自由和平等的创始理想得出了一个明显而合乎逻辑的结论，那就是，应当废除奴隶制。[5] 但是，解放黑奴的成本被认为太高，国家的团结不得不以牺牲种族平等为代价。同样的模式将在重建时期结束时进行第三次，并在民权运动之后进行第四次。种族平等的梦想四次被牺牲在（白人）国家团结的祭坛上。问题是，在我们这个时代，历史是否会第五次上演。现在应该很清楚这一点：实现多种族民主的梦想意味着放弃 1690 年精神和支撑了它三个多世纪的故事——那个所谓的"深层故事"。相反，我们必须找到一个新的故事——一个更好的故事——关于美国能够和应该成为一个怎样的国家的故事。在下文中，我们还将挑选出一些试图写这样一个故事的白人基督徒。

在我们开始之前，先简要说明一下"周期化"这一概念。历史学家通常将他们的叙述分解成连续的时代或"时期"。将美国历史分期的一种方式是围绕"创始"事件（清教徒和革命）和"重建"时期（南北战争和民权运动）。另一个是围绕"大战"（独立战争、南北战争和第二次世界大战）。但深层故事的发展并不完全遵循这些节奏。它的发展往往由美国经常被遗忘的小战争（例如，菲利普王战争、法国-印第安人战争、美墨战争、美西战争和冷战等）、人口变化（西进运动、大规模移民）和宗教人口结构的变化（天主教、犹太教和非基督教移民）所驱动。在下文中，我们将重点关注一系列不同的关键时刻，大致上是：1689 年、1763 年、1889 年和 1989 年。大约在 1690 年，菲利普王战争之后，这一深层故事首先以白人新教徒的"天选性"形式得以实现。到 1763 年法国-印第安人战争结束时，它已经采取了盎格鲁新教的形式。到 1898 年美西战争结束时，它已成为白人盎格鲁-撒克逊新教徒（WASP）帝国主义。一个世纪后，在冷战结束时，它已经演变成白人犹太-基督教美国主义。这种演变是如何发生的，这些标签的含义是什么，这是我们下文要讨论的主题。

圣徒与魔鬼，清教徒与"印第安人"

谁是清教徒？这是一个棘手的问题，有点像今天定义"福音派"。这个词包含广泛的神学立场和各种形式的宗教团体。1581年，英国清教徒珀西瓦尔·威尔伯恩厚颜无耻地将他的宗教同胞描述为"更狂热的新教徒"：那些带着宗教热情自焚的人，有时也因此被烧死。许多历史学家已经接纳了这一定义。最近，记者詹姆斯·斯利珀模棱两可地将逃往新英格兰的清教徒难民描述为"美国第一批非常严肃的人"，这些人对自己的道德原则很认真。[6] 而且，他们还要认真执行这些信条（包括在对待非清教徒的问题上）。

不过，如果有一样东西是清教徒非常重视的，那就是他们的《圣经》。他们不只是阅读《圣经》。在某种程度上，他们把自己读进了《圣经》。因为清教徒将自己理解为——按照字面意思理解——一个"新以色列"，他们慢慢地把新英格兰视为他们的"应许之地"。这不是一次性的，也不是从一开始就这样看待的。第一批清教徒定居者仍然将新英格兰视为"咆哮的荒野"。英格兰是他们真正的家、他们的应许之地，他们期望有一天能回到那里。就像那些被巴比伦人赶出耶路撒冷的敬畏上帝的以色列人一样，他们有一天也会回到自己的家园和首都，重获荣耀。但那一天永远不会到来。清教徒和天主教徒确实统治了前现代时期的英格兰，但时间很短。英格兰最终仍将掌握在更冷酷的新教徒手中，而他们正是清教徒拼命想要逃离的那种人。如果清教徒要有一个应许之地的话，那一定是新英格兰。[7]

在将新英格兰视为新以色列的愿景中，很少有人能比马瑟一家发挥更突出的作用了，包括科顿·马瑟（1663—1728）和他的父亲因克里斯·马瑟、祖父理查德·马瑟。今天，科顿最常被人们记住的是他在1692年塞勒姆女巫审判中的角色。但他也是新英格兰及其与原住民战争的最早编年史家之一。对于世俗读者来说，马瑟的编年史似乎是军事和教会史的奇妙大杂烩。书中长篇大论地描述了新英格兰殖民者和各种原住民部落之间的战斗，还有整章关于浸信会和贵格会各种持不同政见者的描述。然而，对马瑟来说，战争和异议因盟约和天意而密不可分。在他看来，清教徒已经与上帝立约，以捍卫真正的宗教。持不同政见者的出现违反了这一盟约。上帝为了惩罚清教徒的这种背叛行为，派遣原住民向他们发动战争。用马瑟的话来说，"这种堕落在我们中间如此蔓延开来，结果引发上帝的愤怒，我们也因此招致了一连串的敌人和灾难"。如果异教徒是上帝愤怒的原因，那么原住民就是他所选择的工具。就像《圣经·旧约》中的以色列人一样，他的新选民在新英格兰的新应许之地所遭遇的情况也是如此。[8]

马瑟并不是第一个从天意的视角来看待清教徒与原住民部落之间战争的人。但可以说，他是第一个通过启示录的视角看待这种战争的人。从第一个角度来看，清教徒与原住民的战争是以色列人与迦南人战争的字面重复；从第二个角度来看，它们也是基督势力和反基督势力之间的末日之战的一部分。无论通过哪种方式，它所传达的信息都是一样的：清教徒的战争是圣战，原住民的土地是清教徒的土地，驱逐和灭绝原住民是回应愤怒的上帝所做出的正义牺牲。[9]

必须强调的是，马瑟的看法并不是唯一的。在他宣扬"消灭"异教徒的地方，其他清教徒则主张皈依，尽管他们的意思不仅是要皈依信条或教会，而且是要皈依整个生活方式。这种观点的主流看法是，成为基督徒就是像英国人一样生活（即在一个地方定居，耕种土地，拥有个人财产，实行一夫一妻制，穿裤子，接受自己在生活中的天命地位）。为此，约翰·艾略特等清教徒传教士在马萨诸塞州建立了数十个"印第安人祈祷"定居点。像马瑟一样，艾略特也从《圣经》的视角看待原住民部落，但他的视角与马瑟的略有不同。艾略特认为，原住民部落是失落的以色列部落。他希望通过把他们聚集在一起，帮助基督再临。但艾略特的梦想被"菲利普王战争"的残酷冲突粉碎了。他帮助建立的许多祈祷村庄也惨遭毁灭。在那场战争中，30%~40%的英国殖民者被杀，原住民部落遭受了更具毁灭性的损失。它挑战了清教徒对自己的理解和对"新世界"的理解。[10]

重要的是要强调，杀死或改变印第安人的信仰并不是清教徒的唯一选择。还有第三种选择，即共存。第一个将共存理论化并付诸实践的是罗杰·威廉斯（1603—1683）。他虽然是清教徒，但很快就与他的兄弟们闹翻了，并被驱逐出波士顿。然后，他在现在的罗得岛建立了普罗维登斯殖民地。威廉斯与原住民部落建立了密切的联系。他有时向当地的熟人传福音，但并没有试图改变他们的生活方式。对他来说，作为一个基督徒，并不需要像英国人一样生活。在威廉斯的领导下，普罗维登斯殖民地成为异见者的避风港和宽容的灯塔，也是多种族和多元文化民主的早期雏形。

了解他这样做的原因很重要。这并不是因为威廉斯是"普世主义者"或"尊重者"。他不是。但威廉斯的观点至少在三个关键方面与马瑟不同。第一，他在基督教和道德之间划清了界限：一个并不意味着另一个。在他的观察中，原住民的道德往往优于清教徒。第二，他在宗教权威和公民权威之间划清了界限，甚至比清教徒还要清晰得多，不是因为他担心教会可能腐蚀国家，而是担心国家可能腐蚀教会。第三，他认为良心自由是绝对的，这意味着言论自由。他拒绝清教徒神职人员的集体权威，甚至拒绝他们压制异议的努力。总之，威廉斯认为，背景各异的人仍然可以共同组成一个公民社会，只要他们将宗教和道德、教会和国家分开，不强迫任何人的良心或压制任何人的言论。他称之为"纯粹的文明"。[11] 可悲的是，"纯粹的文明"在威廉斯时代是一条人迹罕至的道路。在随后的几个世纪里，杀戮和皈依将成为"印第安人政策"的重要两极。

　　深层故事正逐渐浮出水面，但它尚未完成。马瑟在他对新英格兰历史的讲述中，将应许之地和末日编织在一起，直到菲利普王战争。他对白人基督教民族主义的看法可以被称为"白人清教徒的天选性"。但是，深层故事的种族主义色彩在他的写作中仍然没有得到充分发展。人们确实在马瑟身上找到了原始的种族主义思想。他经常用非人化和妖魔化的语言将原住民描述为动物或魔鬼崇拜者。此外，他有时声称，上帝的救赎是血统的问题；天选性（"选举"）是通过"血脉"从父母传给孩子的，并在"血液"中流淌。但是，在弗吉尼亚殖民地，一条更粗、拉得更紧的种族主义之线正在向南编织。它的初衷是束缚黑人"奴隶"，并使他们世代为奴。很多时候，"编织"大师就是基督教神职人员。

黑白的奴隶和自由人

在前现代时代，大多数基督教神学家都认为，有两种人可以被正当地奴役："异教徒"和战争的"俘虏"。在南方殖民地，"印第安人"和"黑人"并不是唯一符合这些类别的人。爱尔兰天主教徒也是如此。英格兰对北美的殖民和对爱尔兰的征服在时间上重叠，并相互影响。例如，英国评论员经常将信奉天主教的爱尔兰人描述为"异教徒"，有时甚至描述为"印第安人"，以证明夺取爱尔兰财产和在这块被称为"翡翠岛"的地方建立英国"种植园"是正当的。在美洲殖民地，爱尔兰天主教契约仆人的法律地位与被奴役的黑人和原住民的地位也没有完全不同，至少一开始没有。这种情况将会改变，因为一个新的种族秩序正在新大陆出现。在这个秩序中，"白人"意味着"自由"，"黑人"意味着"奴隶"，而"红色"既不意味着束缚，也不意味着自由，而是"野蛮"。[12]

从各种形式的非种族奴役转变为黑人奴隶制，主要是经济原因：转向劳动密集型经济作物，如烟草和糖；殖民地白人劳动力短缺；被奴役的原住民不断逃跑，他们比俘虏他们的人更了解这片土地；最后，随着英国皇家非洲公司和荷兰西印度公司的成立，大量被绑架的非洲人涌入大西洋奴隶市场。[13]

但是，向黑人奴隶制的转变给英国神学家带来了一个问题。随着一些被奴役的黑人皈依基督教，奴役从母亲传给孩子，这个问题变得更加尖锐。基督徒凭什么奴役其他基督徒——而且那些基督徒并不是战俘？旧的神学理论没有给出明确的答案。必须找出新的理由。一言以蔽之，我们需要的是种族主义神学。

这一需求很快就得到了满足。英国圣公会牧师摩根·戈德温在 1681 年的文章中列出了两种最常见的种族主义神学形式。第一种是"前亚当主义"，相信有两个独立的创造物导致了两个独立的物种：前亚当人和亚当人。只有后者是有灵魂的人类。第二种是挪亚的咒诅：因为含看到挪亚在帐篷里喝醉了，赤身裸体，上帝就在含的儿子迦南身上打上了印记，使他的后代永远被奴役。[14]

到 1700 年，支持奴隶制的神学家将这些故事和其他故事编织在一起，历史学家大卫·惠特福德（David Whitford）称之为"诅咒矩阵"（Curse Matrix）。它有三个要素：1. "黑皮肤是上帝咒诅的结果"；2. 非洲人所谓的"性欲亢进"也是如此；3. 奴隶制实际上是非洲人的福音，因为它使他们接触到基督教和（白人）文明。[15]

当然，如果神学为黑人奴役提供了一些最有影响力的论据，那么它也提供了一些最有力的反驳。以戈德温的同代人塞缪尔·休厄尔法官为例。1700 年，休厄尔出版了《约瑟夫的出卖》一书，它通常被认为是英国殖民地的第一本反奴隶制小册子。在书中，休厄尔试图反驳奴隶制的几种常见的神学理由。他认为，"所有人都是亚当的儿子，是共同继承人，享有平等的自由权"。他认为含的咒诅不适用于非洲人。第一个论点更为重要：所有人都具有同一血统，因此有权享有平等的权利。[16] 这一论点得到了后来几代基督教废奴主义者和民权活动家的回应，直到今天，他们仍坚持认为所有人都是按照"上帝的形象"被创造的。

然而，在弗吉尼亚殖民地，含的咒诅战胜了上帝的形象。正如经常发生的那样，神学追随了金钱。像威廉斯一样，休厄尔走的是人迹罕至的道路，但它指明了基督教废奴主义者和民权活动家未来将遵循的道路。

到 1700 年，构成白人基督教民族主义深层故事的三条叙事线索分别在英国殖民地编织在一起，两条在北方，一条在南方。但它们只是松散的民族主义叙事，根本不是"美国人"叙事。是什么将它们融合成一条线的？是什么让这条线成为"美国人"叙事的？简而言之，是什么将白人清教徒的天选性转变为白人新教美国主义？答案还是战争的白热化，或者更确切地说是一系列战争。不过，与其说是与原住民的战争，不如说是与法国和英国之间的战争。

美国白人新教形成中的帝国和战争

美国人习惯于将独立战争视为一场脱离英国的自由之战。但是，这个框架太窄了。如果我们把视野扩大一点，这场战争就会以非常不同的眼光出现。它是欧洲统治者和各国之间更广泛和长期的斗争的一部分，以控制"新世界"的土地和财富。战场包括北美和西欧的大部分地区。这场冲突中的主导角色由欧洲的殖民列强承担——当然是英国，但也包括法国、西班牙和荷兰。这些国家的北美殖民者在这场争夺战中只扮演了很小的角色，直到战争后期。各种原住民部落往往比殖民者更重要，也可以说更强大。[17] 这部长达几个世纪的戏剧以 15 世纪西班牙人的到来开始，以 19 世纪中叶墨西哥和加拿大获得独立而结束。[18]

现在让我们回顾一下这个故事的关键背景——白人基督教民族主义在美国的故事。这部分行动的主要参与者是英国和法国及其殖民地、居住在东海岸和五大湖地区的原住民部落，以及生活在东南部的被奴役的非洲人。关键事件是两场战争，或者更确切地说是一系列战争：1. 法国-印第安人战争（1754—1763）；2. 美国独立战争（1775—1783）；3. 1812 年战争（美国第二次独立战争）。[19] 利害攸关的是土地和资源、权力和金钱。但是，我们在这里感兴趣的不是这场斗争的结果——尽管它是决定性的，特别是对原住民来说——而是它对殖民者及其文化的影响。

这两场战争对英国殖民地的影响截然不同。第一阶段使他们更接近"祖国"。1654—1763 年法国-印第安人战争期间，在殖民者与信奉天主教的法国人及其本土盟友的斗争中，也许没有什么时候比这更能让他们感到自己是"英国人"了。第二阶段将他们推得很远。在独立战争之后和 1812 年战争期间，英国（前）殖民者可能没有任何时候比这更不像"英国人"了。总之，白人基督教民族主义在第一阶段变成了"英国的"，在第二阶段变成了"美国的"。[20] 正是在激烈的战争中，宗教、种族和国家真正融合在一起，形成了白人基督教民族主义。

也正是在这一时期，白人基督教民族主义的神圣三位一体——自由、秩序和暴力的特殊联系——真正第一次具体化。[21] 在 18 世纪，成为"英国人"也就意味着成为"新教徒"和"自由人"，因此也是反法国的人。[22] 因为新教徒在法国是不自由的，他们是受迫害的少数派。英国天主教徒（据说）反对自由；他们被视为一心信奉暴政的危险少数派。所以，要想自由，就要成为新教徒和英国人。[23]

但是，新教英国人的"自由"只有在维持种族秩序的情况下才有可能实现；这往往需要对其他种族使用暴力。在边疆，这意味着对控制土地和其他资源（如毛皮）的原住民使用暴力。在殖民地，这意味着对被奴役的黑人使用暴力，黑奴既是白人奴隶主财富的来源，也是其财富的一种表现形式。这两个群体对"白人自由"的威胁似乎更大，因为他们有时都是大英帝国对手的盟友。[24]这些对种族秩序和私人财富的威胁必须以残酷的暴力来应对，而事实上，他们就是这样处理的。

法国-印第安人战争就像一个熔炉，白色是从中被锻造出来的。最初是欧洲列强之间争夺土地和资源控制权的斗争，随着英国血统的殖民者与其他欧洲血统的殖民者结盟以捍卫"白人"统治而发生了变化。从这个熔炉中诞生了一个新的种族等级制度，被涂成白色、红色和黑色：顶部是白色，底部是黑色，中间是红色。[25]

法国-印第安人战争在殖民地产生了英国和新教版本的白人基督教民族主义；独立战争和1812年战争帮助它"美国化"。在独立战争之前，大多数殖民者认为自己是"英国人"或"英格兰人"；"美国人"一词通常是指原住民。在独立战争后，前殖民者努力阐明什么才是美国的"美国人"。他们经常通过挪用本土文化来回答这个问题。据说美国白人男性与以前的英国同胞的不同之处在于，他们身上也有一丝"红色"和一点"野蛮"。这种美国白人男子气概的第一个象征不是"牛仔"，而是"侦察兵"，即冒险进入荒野、学习"印第安人"的方式，并在此过程中吸收了一点"野蛮"的拓荒者。[26] 换句话说，侦察兵的形象是个人主义精神的第一个英雄化身，这是白人基督教民族主义的核心，也是自由、秩序和暴力的神圣三位一体。

在南方各州，白人自由与男性暴力之间的联系更加紧密。因为在那里，自由和暴力是联系在一起的，这不仅是因为遥远边疆的原住民战斗组织的威胁，而且是因为对当地种植园黑人叛乱的恐惧。这就是为什么许多革命者定义"自由"，不仅反对"暴政"，而且反对"奴隶制"。[27] 可以肯定的是，他们对"奴隶制"的理解很宽泛；它指的是对他人意志的任何形式的依赖或屈从。将奴隶作为动产的奴隶制只是其最极端的形式。但对一些人来说，特别是在南方殖民地，黑人奴隶制也是某种白人自由的基石。摆脱了体力劳动的负担，像华盛顿和杰斐逊这样富有的南方种植园主可以自由地涉足科学，参与政治。即使在和平时期，维护他们的个人自由也意味着在必要时以暴力手段剥夺他人的人身自由。

在战争时期，白人的恐惧甚至更大，当时一些被奴役的黑人站在美国的敌人一边，希望赢得自己的自由。在独立战争期间加入"爱国事业"的少数自由黑人已经做了很多工作。但还有更多被奴役的黑人奴隶逃离了美国奴隶主，加入了英国军队，希望获得自由。[28]

在 1812 年战争中也是如此。事实上，袭击美国国会大厦的英国海军陆战队包括许多逃离奴隶制的黑人士兵。在这种背景下，《星条旗》（创作于 1814 年）的第三节显得更加险恶：

他们的鲜血已经冲刷掉了他们肮脏的脚印。

没有避难所可以拯救雇佣兵和奴隶

逃离恐惧或坟墓的阴郁，

还有凯旋的星条旗

这是自由的土地和勇敢者的家园。

换句话说，被美国白人"英雄"杀害的英国黑人士兵的鲜血冲刷掉了黑人尸体在国会大厦神圣土地上留下的"污染"。白人的自由是用黑人的鲜血换来的。白人基督教民族主义的神圣三位一体被写进了美国国歌。

不言而喻，大多数美国黑人都看穿了这个神话。但一些白人基督徒也是如此。对一些革命者来说，白人、新教、美国人、自由和暴力定义了"1776年精神"。但这并非适合所有人。对于早期的贵格会废奴主义者，如安东尼·贝内泽和华纳·米夫林，奴役黑人不仅是一种"国家原罪"，而且违反了基督教道德的最基本原则——黄金法则。不可能有"基督教奴隶制"或"基督教奴隶主"这样的东西，两者在术语上都是矛盾的。

当然，基督徒并不孤单。对于一些启蒙运动的理性主义者，如本杰明·富兰克林和托马斯·潘恩来说，奴隶制违反了革命所追求的平等和自由的理想。对于其他人，例如基督教医生和社会改革家本杰明·拉什，基督教与民主之间并不矛盾；基督教与民主得以相互加强，两者均反对奴隶制。所有这些人的共同点，除了他们对奴隶制的仇恨之外，其根源都出自宾夕法尼亚州。罗杰·威廉斯的普罗维登斯殖民地之于17世纪，威廉·佩恩的殖民地之于18世纪：它们是多种族、多宗教民主的早期实验。关于独立战争的流行历史将如此多的注意力集中在新英格兰和弗吉尼亚州，这其实是一种集体遗忘，忘记了在独立战争期间和之后（又一次）可能出现的多种族共和国的历史。[29]

政治现实主义者可能会回应说，这个实验从一开始就注定要失败，而宪法的代价是奴隶制的永久化。历史学家加里·纳什（Gary Nash）对这一结论提出了质疑。他总结说，这之所以没有发生，不仅是因为南方奴隶主的顽固不化，而且是因为北方政客的懦弱——以及北方奴隶贩子的贪婪。在纳什看来，开国元勋们在奴隶制问题上的妥协不仅是不道德的，而且是不必要的和自私的。[30]

到 1812 年战争结束时，白人基督教民族主义已成为新教和美国的民族主义。它对自由、秩序和暴力产生了一种特殊的理解——这种理解植根于一种特定的个人主义。随着美国向外扩张，然后向西扩张，白人基督教民族主义将进一步提炼成我们所说的"白人盎格鲁-撒克逊新教徒帝国主义"。战争再次成为关键的催化剂，这次不是北美的战争，而是古巴的战争。

边境的关闭和白人基督教帝国的建立

如果说 17 世纪 90 年代是白人基督教民族主义以及自由、秩序和暴力的神圣三位一体形成的十年，那么 19 世纪 90 年代就是变革性的十年。这种转变有两个催化剂：美国边境的关闭和美国帝国的开始。这种转变的结果是三重的：改变了对白人、神圣天意和民族认同的理解。1690 年精神以白人盎格鲁-撒克逊新教徒帝国主义的形式重生。

1690 年精神很容易适应 19 世纪边疆的生活。它在那里遇到了许多熟悉的面孔：原住民部落的"红色"面孔，他们被稳步而凶猛地向西驱赶，并在世纪末被围困在所谓的保留地，以及被奴役的黑人面孔，他们不由自主地被赶到或被运往西部，从肯塔基州到得克萨斯州的新种植园。白人使用暴力来"保护"自己的自由（并夺取他人的财产）并不是什么新鲜事。

1690 年精神在边境也遇到了新面孔：墨西哥人的"棕色"面孔，他们突然发现自己在美国领土上，因为在美墨战争（1846—1848）后，得克萨斯州、加利福尼亚州和西南部的大片地区被强行并入美国；还有从 1848 年加利福尼亚淘金热开始的太平洋沿岸"黄色"面孔的中国和日本移民。在这里，非正规的民兵组织和私刑司法也是将边境向西推进和建立白人自由的关键手段。然后，和以前一样，种族冲突和白人基督教民族主义与暴力的白人男性一起发展，他们是强制执行种族秩序的英雄。[31]

对于 1690 年精神来说，这些新面孔看起来非常像旧面孔。非人性化的种族和宗教刻板印象最初是为了证明对原住民的战争和对非洲人的奴役是正当的，很快就适应了针对新的"他者"。亚洲移民被嘲笑为"异教徒"的劣等种族，不适合在"基督教共和国"获得公民身份。亚洲女性被视为性感过度的诱惑者，不适合结婚或做母亲。墨西哥人被归类为"混血种族"，他们的天主教信仰使他们习惯于专制统治。墨西哥女性也许还有一些希望，但前提是她们必须与信奉新教的白人男性配对。棕色和黄色"演员"可以扮演曾经为红色和黑人演员保留的角色，只需对"剧本"进行微小的调整。[32]

但这个时代的其他发展最终将迫使对深层故事进行重大改写。第一次是南北战争。在重建时期（1863—1877），当联邦军队占领战败的南方邦联，解放的黑人可以自由投票，废奴主义的共和党人控制国会时，对美国故事的真正彻底改写似乎再次成为可能，重新构想美国是一个多种族的民主国家。但这一愿景遭到了北方民主党人的拒绝，随后被恢复名誉的南方邦联埋葬。这些自封的南方"救世主"对南北战争进行了粉饰，把它描绘为"失落事业"的神话。在这种叙事中，南北战争变成了"北方侵略战争"，南方邦联士兵为捍卫"各州的权利"而战，而南北战争后的重建则是由来自北方的贪婪的"地毯贩子"煽动的"黑人暴政"时期。正是南方白人女性——"邦联的女儿"——将"失落事业"的神话烙印在旧邦联的集体记忆中：通过阵亡将士纪念日、邦联英雄的公共纪念碑等公共仪式；最后但并非最不重要的一点是，通过向一代又一代南方儿童灌输"失落事业"的神话。[33]

"失落事业"的神话为白人基督教民族主义引入了一个新的神化妙策。它预言旧南方有一天会像被钉在十字架上的基督一样"复活"，它的苦难转化为荣耀。这也是源自基督教经文的白人基督教民族主义的一种形式，但它基于钉十字架和救赎的主题，而不是应许之地或末日。这对于理解当代白人基督教民族主义者对基督徒受害者和复仇的主张至关重要。[34]

第二个关键的发展是神学。美国独立后，北方新教神学家开始巧妙地重新定义末日的故事。对于科顿·马瑟来说，回想一下，基督再临和他在地球上的千年统治之前，将有一场善与恶之间的宇宙战争——末日之战。因为末日先于基督的千禧年再临，所以马瑟解释的专业术语是"千禧年前启示论"。但是，19世纪白人新教建制派的主流观点实际上是"后千禧年"的：只有上帝的王国在地球上建立整整一千年之后，基督才会再临，这是通过基督教会领导的渐进式社会和道德改革实现的。北方神学家，如霍勒斯·格里利（Horace Greeley，1811—1872）和乔赛亚·斯特朗（Josiah Strong，1847—1916），将这种新的千禧年后末日观点与旧的应许之地故事结合起来。其结果是"天定命运"论。美国白人仍然是被上帝选中的民族。但他们的任务不仅仅是在新英格兰建造一座"山巅之城"，而且是要使整个大陆"文明化"。他们的西进是神圣计划的一部分。革命前伟大的复兴主义者和神学家乔纳森·爱德华兹（Jonathan Edwards，1703—1758）已经注意到基督的福音总是从东方传到西方——从中东到西欧再到北美。它应该继续它的胜利之旅，一直到太平洋沿岸，这完全是天意。[35]

第三个发展是"种族的"：对白人的理解发生了变化，变得更加"科学"，也更加"模糊"。在法国-印第安人战争之后，《圣经》是对各"种族"进行分类并解释种族不平等的主要依据；"白色"是一个与"黑色"相对的类别，然后是"红色"。到19世纪后期，关于种族的描述也经常诉诸"科学"。[36] 一些"种族科学家"声称各个种族是分开进化的；另一些人则认为，种族差异表现在可以被精确测量的身体特征上；还有一些人更强调文化差异。所谓的细菌理论家对"雅利安人"、"北欧人"或白人盎格鲁-撒克逊新教徒的种族、身体和文化优越性提出了模糊的、听起来很科学的主张，说他们是一种无形的文明"细菌"的承载者，是注定要征服和统治世界的民族。因此，美国新教建制派广泛接受了白人仍然优于非白人，但现在一些白人比其他人更"白"的说法。与此同时，在南方，人们为与非白人混居和通婚的白人发明了一个新术语——"白人垃圾"。19世纪下半叶，这种新的白人等级理论对土生土长的美国白人和中产阶级白人特别有吸引力，因为它解释了为什么他们优于来自南欧和东欧的新来的天主教和犹太移民，以及为什么他们这些人及其盎格鲁-撒克逊同胞注定要征服世界。[37]

上述论述让我们终于回到了帝国的话题。对于 19 世纪的美国人来说，"帝国"这个词并不陌生。例如，托马斯·杰斐逊曾设想过一个由美国和加拿大组成的"自由帝国"。[38] 帝国的法律并不违背杰斐逊参与起草的宪法。它区分了适用宪法权利的主权"州"和不适用宪法权利的隶属"领地"，1795 年建立的西北地区领地和 1803 年建立的第一个印第安领地就属于此类。原则上，一个领地的居民在满足某些要求后可以申请建州。实际上，是否批准这些请求取决于人口的宗教和种族构成。例如，1849 年，摩门教领袖杨百翰提议建立一个名为"德撒律"的西部大州。当时，摩门教徒被普遍视为异端，国会当即拒绝了这一提议。它同样拒绝了亚利桑那州和新墨西哥州最初的建州申请，主要是因为它们的人口不够"白"。至于克里克邦联建立的印第安人领土，尽管拥有共和主义和"文明"的所有特征，包括成文宪法、民选总统和几家原住民语言报纸，但还是被安德鲁·杰克逊解散了。只有盎格鲁新教徒才是"真正的美国人"。其他人充其量只是二等公民。[39]

具有讽刺意味的是，美利坚帝国最初的目的是要终结西班牙帝国。由此形成了一种模式：美国的民主运动导致了其帝国的扩张。美西战争始于 1898 年，其方式与随后美国发动的诸多战争大致相同：武装干预他国的内战，其既定目标是将被压迫的人民从暴政中"解放"出来。在美西战争中，战争发生在古巴，然后从那里转移到菲律宾、关岛和波多黎各。这是一个帝国的开始。

正是战争巩固了1690年精神，也正是战争将它变成了1898年精神。或者更确切地说，是那一年开始的一系列海外战争，而这一系列战争一直持续到今天。新旧两种精神至少在三个重要方面有所不同。首先，从南方的失落事业神话中得到启发，新精神将美国的帝国冒险主义描绘成一种高尚的自我牺牲。就像基督一样——那个时代的新教神学家毫不犹豫地进行了这种比较——美国的行为是出于同情、利他主义和仁慈，而不是出于复仇、自利或贪婪。美国的动机总是无辜的，完全是无辜的。即使它使用了最野蛮的暴力，也是在执行上帝的旨意。还有一个世俗的理由，这是第二个变化。这种说法认为，当美国使用暴力时，是为了向他人传播自由。在边境和种植园，暴力被用来建立和确保白人的自由。现在，军事暴力将被用来在全世界传播自由的福音。根据这一说法，美国进行的所有帝国战争在过去和现在都是解放战争。我们再一次看到白人基督教民族主义如何与种族秩序、基督徒自由和男性暴力的神圣三位一体纠缠在一起。

白人基督教民族主义的"大弥撒"仅被定期庆祝。它也以人血祭祀而达到高潮。在这种情况下，是那些被指控违反种族秩序的人的血：被认为越过肤色界限的非白人，通常是黑人男性被指控对白人女性有不当性行为。[40] 他们是否真的犯有针对他们的指控并不重要。关键是要把白人聚集在一起，通过他们在道德上串通一气进行法外谋杀而将人们团结起来。当然，私刑树上的仪式化暴力只是种族化仪式中最极端的形式，这种仪式强化了吉姆·克劳南方日常生活中的肤色界限。这种法外暴力不在那里存在，在南方以外，犹太人、华人和墨西哥裔美国人也是暴民暴力的受害者。[41]

但是，有些人可能会问，这些可怕的仪式与基督教有什么关系呢？很多。基督教神职人员有时参与私刑，甚至为他们祈福。三K党的种族恐怖分子不仅仅是反黑人的种族主义者。他们声称要捍卫白人新教徒对天主教徒和犹太人的至高无上地位。当然，也有更礼貌、更文雅的白人基督教民族主义形式，表现在所谓的白人公民委员会紧闭的客厅门后。但他们的绅士风度丝毫不影响其种族主义态度。[42]

是谁培育了新的1898年精神？现在看来，人们可能会认为是保守的福音派新教徒。事实上，更多的是信奉自由主义、主流新教的人，他们以对达尔文主义或《圣经》批判等新思想持开放态度而自豪。许多对新精神最尖锐的批评者是神学上的保守派，他们坚持神创论和字面主义，抵制自由市场资本主义和美国军国主义，比如三届民主党总统候选人威廉·詹宁斯·布赖恩。[43]随着保守的福音派控制了这个深层故事，这种情况将会改变。

1989年精神：（白人）犹太-基督教民族

1689—1898年的两个多世纪里，白人基督教民族主义一直受到新教建制派的拥护。到1989年，火炬已经传递给保守的白人福音派。在20世纪，许多白人自由派新教徒已经成为世俗进步派，也是自由派民主党人。与此同时，大多数白人福音派已经成为保守的共和党人，也支持市场经济与政府的军事政策。

为什么会出现这种彻底的逆转？

当代保守派经常将罗诉韦德案作为故事的转折点。在这段记载中，宗教右翼是出于反对堕胎而出现的。但事实并不完全符合这个故事。保守的白人新教徒直到20世纪70年代末才开始反对堕胎。在此之前，新教徒在这个问题上存在分歧，堕胎被视为"天主教"问题。白人福音派的右转实际上始于25年前的另一个最高法院案件：布朗诉教育委员会案。宗教右翼的政治设计师保罗·韦里奇和理查德·维格里在这一点上非常清楚。反对种族融合是宗教右翼崛起的真正催化剂。种族是将白人福音派与民主党分开的楔子。"家庭价值观"只是共和党战略家用来将白人福音派与他们的宿敌——保守的天主教徒——联系在一起的政治黏合剂。[44]

这对白人基督教民族主义有何影响？

保守的白人福音派对白人基督教民族主义的剧本做了三个重要的改变。第一，他们回到了千禧年之前版本的末日故事。[45] 世界大战的恐怖和原子武器的发明使《启示录》中火热的战斗场面看起来更真实，而不是隐喻。对核浩劫的预言也是拯救和复仇的承诺：真正的信徒可以认为核世界末日是安全的，因为它预示着基督再临。毫不奇怪，到2005年左右，美国白人肯定基督教民族主义意识形态的最有力预测因素之一是，他们相信《圣经》所说的（基督再临时）提送信徒升天和世界末日事件将会发生，其中信徒将与耶稣一起升天，然后是上帝的信徒与《启示录》中的"野兽"展开战争（见图2.1）。

第二，他们逐渐从白人至上主义转向"色盲"。起初，这种转变纯粹是战术性的。保守的白人领导人现在嘟嘟囔囔地谈论"福利女王"。[46] "该隐的咒诅"重生为"贫穷文化"。后来，它变得更加"个人化"。"种族和解"成了口号，好像黑人需要为自己

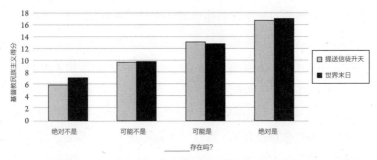

图 2.1　预测在相信（基督再临时）提送信徒升天和世界末日时对基督教民族主义的坚持

注：普通最小二乘法回归模型。

资料来源：2007 年贝勒宗教调查。

受到的压迫道歉似的。但关键是种族不应该被"政治化"。在这种观点下，解决种族主义问题的唯一方法是"改变人心"，或者更好的办法是，完全停止谈论种族问题。改变法律是没有必要的。支付赔偿是不可能的。种族主义是个人问题，而不是社会问题。[47] 社会正义被嘲笑为只有"非基督徒"才要求。保守的"色盲"过去是，今天仍然是反种族主义的一种形式，是转移对种族公正要求的一种方式。

第三，也是最后一个转变，是关注所谓"性的原罪"。当然，对性的关注并不是全新的；它可以追溯到新英格兰清教徒和其他地方。毕竟，是他们发明了"红字"。新的是几乎完全专注于性，认为性是最危险的犯罪形式。清教徒同样关注其他违法行为，如酗酒、贪婪、懒惰和衣着不端庄。19 世纪的卫理公会和浸信会也担心"正直"的生活和个人的"圣洁"被侵蚀。另外，对于保守的白人福音派来说，"基督教道德"越来越等同于性道德。[48]

这三种转变的最终结果是极端激进的外交政策、自由放任的经济政策，以及性道德立法的尝试。

白人基督教民族主义的个人主义成分在"二战"后的几十年里发生了变化，成为"色盲"的"基督教自由意志主义"。世俗进步派经常对这种配对感到困惑。这似乎是双方都方便的结合，或者只是一个矛盾。毕竟，一个说"你不要"，而另一个说"别管我"。一个说"穷人有福了"，而另一个说"贪婪是好的"。基督教和资本主义难道不是根本性的矛盾吗？基督教自由意志主义者不这么认为。

另一种 1989 年精神:（白人）基督教自由意志主义

普林斯顿大学历史学家凯文·克鲁斯（Kevin Kruse）在《上帝之下的一个国家：美国企业如何发明基督教美国》(*One Nation Under God : How Corporate America Invented Christian America*) 一书中，讲述了加州州长凯文·法菲尔德的职业生涯及其亲商业组织"精神动员"(Spiritual Mobilization) 的故事。[49] 法菲尔德与富商交往。他自己也像富商一样生活，西装革履，开着跑车。在许多方面，他是我们这个时代成功的福音传教士的原型——不包括他穿的设计师运动鞋。与此同时，法菲尔德高兴地支持艾森豪威尔总统建立一个信奉基督教和资本主义的美国，以对抗苏联的"无神论共产主义"的努力。他这样做得到了 J. 霍华德·皮尤等保守派基督教商人的支持。

保守的白人商人和神学家并不是唯一在厨房里"烹饪"基督教自由意志主义的人。南方白人种族主义者也发挥了作用。例如，来自南卡罗来纳州的资深参议员斯特罗姆·瑟蒙德以进步民主党人的身份开始了他的职业生涯，并以保守的共和党人身份结束了职业生涯。[50] 民权运动是关键的转折点。对于瑟蒙德来说，在白人至上主义和经济平等之间做出选择并不困难。他的直觉很对，许多其他白人也有同样的感觉，并不仅限于南方白人。然而，瑟蒙德的"南方战略"不仅仅是将旧邦联纳入共和党阵营的战略，而且是向敌视种族平等的北方白人和南方郊区白人输出南方小镇政治的一种手段。[51] 达到这个目的的手段是自由意志主义的语言，即"自由市场"和"私有财产"，以及"福利依赖"和"犯罪浪潮"等种族主义的狗哨。对于许多美国白人来说，自由意志主义的言论实际上只是一种礼貌的、"色盲"的种族主义方式。

直到里根时代，基督教自由意志主义才真正成为美国政治的主要力量。在这里，关键的转折点也是民权问题。福音派对废除种族隔离的抵制不能再用明确的种族主义术语来表达。自由意志主义提供了一种更礼貌的语言。以杰里·福尔韦尔（Jerry Falwell）为例。他以"道德多数"派的联合创始人闻名，这是一个处于"文化战争"前沿的福音派倡导组织。[52] 但他也是"自由市场"的积极拥护者。他与斯特罗姆·瑟蒙德一样，接受自由意志主义言论，以此作为拒绝种族平等要求的手段，而不诉诸种族化言论。福尔韦尔从种族隔离主义者到自由意志主义者的演变是一个常见的过程。

就整合基督教自由意志主义和基督教民族主义的"系统神学"而言，它是"基督教重建主义者"或"神学家"的工作，这是一个规模不大但有影响力的运动，以定居在奥兰治县的极端保守的长老会牧师罗萨斯·约翰·拉什杜尼为中心。[53] 他认为美国政府和社会必须按照《圣经》律法来"重建"。

拉什杜尼也是基督教自由意志主义者。从一般意义上讲，他强烈支持资本主义，强烈反对共产主义。但实际上是他的女婿加里·诺斯试图将新古典主义经济学和加尔文主义神学综合成某种连贯的整体。[54] 这并不像听起来那么困难，至少在诺斯和他的岳父都信奉的荷兰加尔文主义的特殊传统中是这样的。[55] 像所有优秀的加尔文主义者一样，诺斯对人类的善良持相当模糊的看法，这与新古典主义关于自利行为必然性的假设相吻合。因为人类天生就有罪，组织经济的最好方法是通过市场引导他们的自身利益。自由市场也是惩罚邪恶和奖励美德的最佳方式，以确保每个人都能得到他们应得的利益。从这个角度来看，政府监管不仅效率低下，而且是不符合基督教的。继荷兰加尔文主义者亚伯拉罕·克伊波之后，诺斯也相信上帝将人类生活划分为不同的"领域"，这些"领域彼此独立"，但都在上帝的主权之下。这意味着国家不得"干预"经济。至于以经济再分配为目的的联邦税收，诺斯认为这是一种违反第七诫的"盗窃"。诺斯最终从加利福尼亚州搬到了得克萨斯州。在那里，他成为自由意志主义国会议员和共和党总统候选人罗恩·保罗的亲密顾问。

如果说加里·诺斯是基督教自由意志主义最重要的系统化者，那么戴夫·拉姆齐可以说是其最重要的普及者。[56] 拉姆齐住在纳什维尔郊外价值数百万美元的房子里，并在附近闪闪发光的总部管理着近 700 名员工。他有一个自我联合体的广播节目，工作日在全国 300 多家广播电台播出。他在全国数千个教堂宣扬他的福音。尽管拉姆齐拥有巨大的财富，但他的福音不是成功的福音，而是节俭的福音。20多岁的时候，拉姆齐是一个挥金如土的房地产大亨，追求奢华的生活。他在破产之前一直过着这样的生活。对他来说，向节俭和基督教的转向是齐头并进的。毫不奇怪，拉姆齐的政治思想倾向于自由意志主义——基督教自由意志主义。像诺斯一样，他谴责税收是"盗窃"，嘲笑"社会不安全"。[57] 不用说，他支持拥枪，支持警察。如果说诺斯是基督教自由意志主义的书呆子版本，那么拉姆齐则是大众市场版本。

结论：回到种族主义"牛角"政治？

在某些方面，白人基督教民族主义在过去的三个多世纪里发生了很大变化。白人的界限扩大到不仅包括英国人，而且包括任何欧洲血统的人。"基督徒"的含义被放宽到包括天主教徒和摩门教徒，甚至包括一些所谓"好"的犹太人。美国的"天选性"的傲慢言论被淡化为看似更温和的"美国例外论"。关于"血祭"的血腥言论被淡化为"终极牺牲"的委婉修辞。当然，种族和宗教的色彩仍然存在，那些有心人依然关注这一点。不过，大声说出白人基督教民族主义的观点已经变得让人无法接受了，它似乎变得更友善、更温和，尽管那些有心人并不这样认为。

在此期间，白人基督教民族主义中的个人主义派别也经历了类似的演变。市场取代了边疆，成为"自由"的舞台。[58] 维持国内外秩序的工作从私刑暴民转移到警察和穿制服的军队。基督教的道德被缩小到适合"个人责任"的范围。侦察兵、奴隶主和牛仔都出去了；军人、企业家和体育英雄都进来了。尽管如此，或更确切地说，是因为经济不平等日益加剧、黑人被大规模监禁以及宗教右翼势力不断壮大等，才发生了这样的转变。

表面上，美国政治似乎已经进入了一个可预测的平衡状态。美国分裂严重，选举成为两个势均力敌的团队之间的例行拉锯战，争夺边际税率和社会保障支出。团队领导之间通常都很有礼貌。阿尔·戈尔承认在一场势均力敌、充满争议的选举中败给了乔治·W. 布什。约翰·麦凯恩曾为巴拉克·奥巴马辩护，反对阴谋论者声称他是"秘密穆斯林"。在麦凯恩败选后，乔治·布什和劳拉·布什欢迎第一位黑人总统和第一夫人入主白宫。

但表面的平静被证明是有欺骗性的。在更深的层次上，美国历史的构造板块正在相互摩擦。压力和热量正在增加。麻烦的第一个迹象是 2016 年的大选。接下来是 2021 年 1 月 6 日的猛烈喷发。事实证明，白人基督教民族主义并没有减弱或消失。相反，它正在积聚力量，并改变现状。这种巨变再次发生了。

第3章

自由、暴力和秩序

2009年2月19日，在美国第一位黑人总统就职大约一个月后，美国消费者新闻与商业频道（CNBC）财经记者里克·圣泰利在芝加哥商品交易所的交易大厅发表了一场直播演讲。他将2008年的金融危机归咎于"失败者"，他们无力负担抵押贷款，并严厉指责新总统对他们的救助。"这就是美国！"他喊道，"如果你读过我们的开国元勋，像本杰明·富兰克林和杰斐逊这样的人的著作，你就会知道，我们现在在这个国家所做的事就是让他们在坟墓里翻身来表达不满。"然后，他呼吁组建"另一个茶党"，以抵制联邦税收，捍卫个人权利。它被称为"全世界都能听到的咆哮"。

不到8年后的2017年1月20日，唐纳德·特朗普就任美国第45任总统。他的竞选重点与其说是捍卫个人权利，不如说是恢复国家的伟大。特朗普承诺，他将领导"美国人民""夺回（他们的）国家"。他们会"联合起来……围绕基督教"。他们会"再次开始获胜"，"再次说圣诞快乐"，"把（基督教）带回来，因为这是一件好事"。他们还将"美国优先",恢复"法律和秩序",在全国范围内"建墙",将"罪犯"和"非法移民"拒之门外,并实行"全面彻底禁止所有穆斯林进入美国"的政策。特朗普将狗哨换成了扩音器,对他的计划直言不讳。让美国"再次伟大"似乎意味着让它更白人化、更基督教化。

2021年3月12日,即COVID-19大流行一年后,来自威斯康星州的共和党参议员罗恩·约翰逊回顾了过去动荡的一年中的两个决定性政治事件:1月6日的国会大厦骚乱和2020年的"黑人的命也是命"抗议活动。约翰逊说,他"不担心"骚乱分子,因为"这些人热爱这个国家,真正尊重执法,永远不会做任何违法的事情"。"现在,如果情况反过来,"他沉思道,"那些是成千上万的'黑人的命也是命'分子和'反法西斯主义运动'的抗议者,我可能会有点担心。"这是一个奇怪的说法,因为骚乱分子确实违反了法律,他们中的许多人暴力袭击了国会警察,而且有些人似乎计划处决国会议员。当然,2020年夏天,一些"黑人的命也是命"和"反法西斯主义运动"的抗议者也与警察发生冲突,并破坏了财物。但他们并没有试图推翻总统选举。

除了这三条信息都是由保守的白人男性传达的之外,它们似乎没有什么共同之处。前两者甚至显得有些不一致:圣泰利的谩骂似乎将美国的开国元勋与自由意志主义者联系起来;特朗普的竞选活动以宗教认同和种族民族主义为中心。约翰逊的讲话内容涉及暴力,但其潜台词当然是种族。

本章将展示这三条信息、传达这些信息的人,以及它们所描述的事件是如何相互联系的。我们不是唯一注意到这种关联的人。政治学家雅各布·哈克和保罗·皮尔逊也强调了经济自由主义、种族民族主义和暴力种族敌意之间的联系。[1]但他们的解释集中在那些为了自己的利益而操纵群众的富有的经济精英身上。可以肯定的是，这是故事的一部分，但不是故事的全部。保守的宗教领袖也发挥了重要作用。三个世纪以来，白人基督教民族主义者在这片肥沃的土地上播下了他们的种子。茶党、"让美国再次伟大"运动和国会大厦骚乱都发源于这片土地。事实上，这三场运动只是一个故事的三个章节——美国白人基督教民族主义的持续发展故事。

在这个深层故事中，主角通常由某种类型的白人基督徒扮演：好斗但纪律严明，随时准备使用暴力来捍卫（他的）"自由"，并将"法律和秩序"强加（给他人）。想想约翰·韦恩或者唐纳德·特朗普，[2]或者，就此而言，萨拉·佩林或玛乔丽·泰勒·格林。有时，接受传统男性活动（例如，射击或举重）的女性也可以出演男主角。

正如我们在第2章中看到的，某种个人主义从一开始就是白人基督教民族主义的关键部分。清教徒战士就是一个早期的例子。他建造了一座"山巅之城"，并烧毁了原住民定居点。后来的例子包括基督教奴隶主，他的统治混合了父亲的仁慈和残酷的暴力；或定居边境并驱逐原住民的基督教自耕农；在海外"无私"追求自身利益的白人盎格鲁-撒克逊新教徒帝国主义者；或者冷战时期与"无神论的共产主义"做斗争的福音派。他们也准备使用暴力来捍卫自己的自由，并将法律和秩序强加给其他人。

最近在白人基督教民族主义中出现的个人主义的一个分支，是我们和我们的社会学家同事杰拉尔多·马蒂所说的"基督教自由意志主义"。[3]它出现在20世纪中叶，其座右铭是"个人责任"。它假定一个人在生活中的命运是其个人选择的结果——而且只有这些选择，历史和社会背景无关紧要。富有或贫穷，救赎或诅咒，幸福或绝望——这一切都取决于你。但是……你也要对你的选择负责，今生和来世，无论是市场还是上帝，基督教自由意志主义将自由市场、种族纯洁和威权主义宗教纳入统一的"《圣经》世界观"。[4] 这种世界观即使不是完全正确，也是非常活跃的。

茶党：自由意志主义，白人基督教民族主义，还是两者兼而有之？

2009 年 4 月 15 日，美国数百个城市的数十万名示威者参加了第一次大型的茶党抗议活动。选择这个日期是有原因的：4 月 15 日是"纳税日"，是向税务局提交个人纳税申报表的截止日期。"茶党"的标签也很重要。1773 年的波士顿倾茶事件是为了抗议英国对美国殖民地的茶叶出口征税。茶党将自己描述为反对高税收和政府越权的自由意志主义运动。

在 4 月 15 日的示威活动中，大部分言论和象征意义实际上都是自由意志主义的基调。一些发言者谴责政府资助的资金救助计划，称之为"问题资产救助计划"（TARP）。后来，他们将愤怒集中在《平价医疗法案》上，将它称为"奥巴马医改法案"。其他人解释说，"茶党"的"茶"（TEA）代表"征税已经够多"。有些人把茶包挂在玻璃杯或帽子上。许多人展示了"加德森旗帜"，这是独立战争时代的标志性黄色旗帜，上面印有"别踩到我"的字样和一条随时准备袭击的响尾蛇图像。

但其中一些言论和象征意义并不完全符合自由意志主义的框架。例如，在波士顿公园的一次集会上，传统基金会的迈克尔·约翰斯和茶党运动的联合创始人向听众宣布："奥巴马先生……说这不是一个基督教国家。"这引起了大家的嘘声。然后他在演讲中直接提到总统："奥巴马先生，在费城签署的每一份历史文件、这个国家的每一份建国文件，都引用了我们的创造者的话……这是我们自由的基础，是上帝赋予我们的自由。它们是上帝赋予的自由。一个否认其创造者并拒绝其原则的国家不会长久存在。"[5] 在当天的其他集会上也频繁出现基督教符号。在俄克拉何马城，一名抗议者高举着一个标语，宣称"上帝之下的国家"。[6] 种族主义言论也并不少见。在佛罗里达州迈尔斯堡，两名抗议者宣称奥巴马是犹太银行家的"傀儡"。[7] 三角帽和其他殖民地时期的服装是他们经常穿的衣服。一些人打扮成革命士兵的样子。换句话说，这些信息并不是纯粹的自由意志主义的，它们同时也传递了白人、基督徒和民族主义者的信息。

当学者和记者开始研究茶党的支持者时，他们有了几个重要的发现。[8] 这场运动确实动员了相当多年轻、世俗的自由意志主义者。因此，自由意志主义的标签并不完全具有误导性。但正如社会学家露丝·布朗斯坦（Ruth Braunstein）和玛莱娜·泰勒（Malaena Taylor）所表明的那样，大约一半的茶党人自认为是"重生或福音派基督徒"，超过一半（57%）的人认为美国"目前并且一直是一个基督教国家"——这一比例甚至比自认为是宗教右翼的成员还要高。[9] 然而，当涉及个人宗教信仰的衡量标准时，如教堂出席率，茶党的得分要低得多。换句话说，对他们来说，基督教国家的神话远比基督教本身重要得多。相反，"基督徒"作为一种文化身份的标志，将"我们"与"他们"分开。正如人们所预料的那样，具有自由意志主义思想的茶党人支持自由市场，反对政府计划。但他们更虔诚的福音派盟友也是如此。该运动由（文化上的）基督教自由意志主义者和（经济上的）自由意志主义基督徒组成。[10] 他们唯一真正的分歧点是"社会"问题，比如性道德。

在基层是这样，在这场新运动的高层也是这样。当地的茶党团体得到了保守的商业利益集团的慷慨支持。在这种情况下，科赫兄弟的自由意志主义倾向的"繁荣美国人协会"毫不犹豫地表示"分散财富"，支持茶党运动。福音派政治活动家也很快表示支持。拉尔夫·里德（Ralph Reed）组建了他的"信仰与自由联盟"（Faith and Freedom Coalition），以支持茶党运动（并在一场破坏性的腐败丑闻后重启了他的职业生涯）。

茶党运动是由巨额资金和大众能量共同推动的。但民族和种族焦虑是真正点燃它的火花塞。[11] 一想到一个黑人入主白宫，许多美国白人就深感不安。紧随其后的是恐惧宗教和文化被激进左翼分子、世俗主义者或穆斯林掌控而导致的边缘化。在奥巴马当选之前，他的前牧师耶利米·赖特的布道视频片段引发了关于奥巴马与黑人民族主义和解放神学之间关联的诸多争议。前副总统候选人萨拉·佩林警告支持者，"这不是一个像你和我一样看待美国的人"，然后指责奥巴马"与恐怖分子打交道"。在奥巴马当选后，唐纳德·特朗普坚持认为新总统不是在美国出生的（公众的这种执念将使这位商人兼电视真人秀明星成为政治焦点）。其他人则低声说总统是"秘密穆斯林"。右翼惊人杂谈节目主持人、茶党支持者拉什·林博创作并表演了一首名为《奥巴马那个会魔法的黑人》（*Barack the Magic Negro*）的歌曲，以《神龙帕夫》的曲调演唱。民意调查发现，茶党支持者之间存在高度的种族敌意，茶党的示威活动充斥着反奥巴马的漫画。一些人在奥巴马的脸上画了希特勒的小胡子，还有一些人把穆斯林头巾戴在他的头上。不出所料，在布朗斯坦和泰勒 2017 年的研究中，茶党成员资格的最强预测因素之一是对奥巴马的蔑视。

本土主义情绪在茶党中也很普遍。部分原因是反移民民团（如"民兵"）对运动的渗透，该组织向美墨边境派遣武装"巡逻队"。[12] 但反移民情绪在共和党内部并不是一个边缘现象，因为 2007 年乔治·W. 布什总统提出的移民改革计划遭到的强烈反对充分表明了这一点。

民意调查证实了这种联系。他们表明，支持茶党和反对移民之间存在很强的相关性。例如，公共宗教研究所 2015 年进行的一项民意调查发现，在对茶党持"非常赞成"态度的白人中，70% 或更多的人认为，美国的经济困境是由于非法移民抢走了美国人的工作；移民（不仅仅是非法移民）对就业、住房和医疗保健产生了负面影响；当他们遇到一个不会说英语的移民时，他们会感到很困扰。

茶党运动的一个更显著的特点是它不断呼吁要对美国宪法保持宗教般的敬畏。茶党成员认为，"开国元勋"建立了一个"有限政府"，其唯一目的是保护"个人自由"。他们经常援引宪法第十修正案。根据该修正案，"权力并没有被授予美国，而是将权力……保留给各州或人民"。得克萨斯州参议员特德·克鲁兹等茶党领导人经常将自己称为"宪政保守派"。普通茶党人士有时会携带袖珍版的《宪法》；许多人加入了学习小组，在那里，他们解析和背诵宪法中的段落。尽管法律学者之间经常对宪法的含义存在巨大分歧，但茶党成员坚持认为，任何有眼睛的人都清楚它的含义。对于世俗的观察者来说，这些做法看起来可能很奇怪。对于那些了解福音派亚文化的人来说，这些现象真是太熟悉不过了。袖珍《圣经》、《圣经》学习小组和《圣经》字面主义是定义成为福音派的主要因素。保守的白人福音派只是将这些做法应用于另一个神圣的文本——美国宪法。

因此，毫不奇怪，2020 年 11 月，我们调查的大约 70% 的白人福音派人士认为美国宪法是神所默示的，近 80% 的人肯定宪法"原旨主义"，超过 3/4 的人不接受定期修改宪法以适应文化变化的观点。此外，这些将建国文件神圣化的观点与自由市场、自由意志主义的观点是一致的。例如，图 3.1 显示了关于美国宪法的三种信念如何与美国白人相对应，表明他们"在道德层

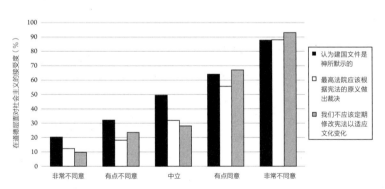

图 3.1　在认同将美国宪法神圣化观点的过程中，在道德层面无法接受社会主义的美国白人预测百分比

资料来源：公共话语和伦理调查（2020 年 11 月第六批调查）。

面无法接受社会主义"，这是茶党和保守派人士长期坚持的奇怪观点。显然，白人越是肯定美国宪法的神圣启示、不变的特点和原旨主义的解释（所有这些都让人联想到《圣经》主义的基督教），就越有可能以道德为由拒绝社会主义。

茶党运动的自由意志主义思想与白人基督教民族主义的民族传统主义冲动纠缠在一起。

"让美国再次伟大"：白人基督教民族主义的世俗化

声称捍卫"家庭价值观"、"品格"和"文明"的保守福音派怎么能支持一个结过三次婚、花钱给色情明星的自大狂房地产大亨呢？自从特朗普在 2016 年共和党总统初选中取得初步胜利以来，外部观察人士一直在问类似的问题。一些内部精英人士也是如此。他们震惊地发现，他们的教会和政党并非他们所认为的那样，至少不再是这样了。

答案很复杂。

首先要注意的是，特朗普的"让美国再次伟大"叙事可以被理解为白人基督教民族主义深层故事的半世俗化版本。特朗普的叙事缺少了美国早期总统演讲中充斥着的《圣经》引用与典故。但"让美国再次伟大"的叙事仍然与深层故事有许多相似之处。最明显的是白人基督教民族主义的世界末日和"让美国再次伟大"的灾难性描述有诸多相似之处。千禧年前论者相信，善与恶之间将有一场最后的战斗，是自然和超自然力量之间的生死之战，这对他们来说是可见的，但对非信徒来说是不可见的。特朗普的世界观也与之类似。"灾难"是他最喜欢用的词之一。他认为生活是"我们"和"他们"之间无休止的战斗。他到处都能看到所谓"隐藏的阴谋"。特朗普的言论引起了许多基督教民族主义白人信徒的强烈共鸣，对此我们不应感到惊讶。他们的深层故事非常相似。

如果自我认同的福音派回应特朗普的半世俗化版本的白人基督教民族主义，那么这部分是因为福音派标签本身也变得半世俗化了。政治学家瑞安·伯奇已经表明，越来越多的非福音派新教传统的美国人（如天主教徒、摩门教徒、东正教基督徒、犹太教徒，甚至穆斯林和印度教徒）现在认为自己是"重生或福音派基督徒"。他表明，这主要是由共和党和福音派身份的融合所驱动的。因此，当美国人被问及他们是不是"福音派"时，他们越来越多地认为这不是关于他们的神学信仰的问题，而是他们是否认同共和党的问题。

"让美国再次伟大"叙事不仅是世俗化的白人基督教民族主义，而且是一个反动的版本。回想一下，在清教徒的"应许之地"叙事中，血是将血缘归属（种族）、血祭（宗教）和血征服（国家）联系起来的主要隐喻。在被称为"美国例外论"的20世纪白人基督教民族主义版本中，血腥的隐喻被稀释成礼貌的委婉语，如"终极牺牲"。在特朗普的"政治不正确"版本中，鲜血再次出现。有时他是公开这样做的，比如用"蘸着猪血的子弹"处决"穆斯林恐怖分子"的杜撰故事就经常在他的竞选演说中被提及。[13] 鉴于血祭在许多版本的基督教神学中的重要性，以及通常被归因于血祭的神秘力量，特朗普的血祭可能引起了许多人的共鸣。

不过，更多时候，特朗普的血液隐喻是含蓄的。例如，在他关于来自"粪坑国家"的"不受欢迎的"移民的言论引发的风暴中，特朗普大声质问为什么没有更多来自挪威的新移民。[14] 如第2章所述，"北欧人"是20世纪初美国种族等级制度中最白的白人。自西奥多·罗斯福和伍德罗·威尔逊时代以来，还没有哪位美国总统这样说话。特朗普的白人民族主义粉丝可能不会忽视他所传达的这一信息。

其至特朗普的两个标志性议题——"穆斯林禁令"和边境墙——也可以通过血腥的隐喻来解读。随着"边境的关闭"，美国在很大程度上实现了大陆扩张的"天定命运"。内部边界变成了外部边界，变成了国家的外衣。至关重要的是，国家机构不能被非白人或非基督教机构渗透或污染。尤其是那些试图污染或摧毁美国的"墨西哥强奸犯"和"穆斯林恐怖分子"。从这个意义上说，禁令和隔离墙都是为了保护美国的纯净血统免受污染或感染的途径。

"让美国再次伟大"是白人基督教民族主义，它没有援引《圣经》做参考，但有着同样的深层故事。"灾难"取代了"启示录"。对"被遗忘的人"的违背承诺取代了与清教徒上帝的破碎盟约。尽管种族、宗教和国家仍然紧密地纠缠在一起，无论是在"穆斯林/阿拉伯人/恐怖分子"还是"白人/福音派/爱国者"的等式中均如此。它没有什么微妙之处。特朗普和他的追随者陶醉于"大声说出过去不能说的部分"，作为"挑逗自由派反应"的一种竞选策略。观众为特朗普关于"粪坑国家"、"猪血"和"不听话就撞头"的所谓"诚实"谈话而欢呼。自乔治·华莱士以来，还没有哪位总统候选人这样说话。自伍德罗·威尔逊以来，还没有如此直言不讳的种族主义者入主白宫。

自由、暴力和秩序Ⅰ：特朗普主义与基督教自由意志主义

　　许多评论家认为，约翰·福特1956年的电影《搜索者》（*The Searchers*）是有史以来最伟大的西部片。它像许多西部片一样，以一个孤独的枪手骑马穿过纪念碑谷的标志性景观开场。[15] 这个枪手不是别人，正是约翰·韦恩，他为"二战"后的一代定义了美国男子气概。由韦恩饰演的伊桑·爱德华兹是一名参加过南北战争和墨西哥战争的南方邦联老兵，现在正在返回西得克萨斯州的家中。他拥有温切斯特连发枪和柯尔特左轮手枪（比这些战争晚了几十年的标志性武器）。此后不久，伊桑的哥哥、嫂子和侄子被科曼奇人袭击者杀害，他的两个年幼的侄女被俘虏。伊桑出发去寻找他们，一路上遇到并杀死了许多原住民。经过五年的漫长岁月，伊桑完成了他的使命，独自一人骑马回到沙漠。福特的电影在布朗诉教育委员会案判决两年后上映，可能旨在批评白人种族主义。但这不是它的销售方式，可能也不是它的接受方式。影院海报用惯常的夸张手法形容它是"有史以来最大、最粗暴、最艰难、最美丽的电影"。一名白人男子使用致命的暴力从其他种族手中救出一名白人女孩，同时漫游"印第安领地"的沙漠景观，一个似乎没有历史和文明的地方，以恢复他的家庭秩序。很难想象在现代美国，有比该片更浓缩的白人男性神话描述了。

　　但是，在这一切中，基督教在哪里？这个问题一直困扰着许多基督徒，正如历史学家克里斯廷·科贝斯·杜梅兹（Kristin Kobes Du Mez）在她的畅销书《耶稣与约翰·韦恩》（*Jesus and John Wayne*）中所解释的那样。[16] 问题的一部分是耶稣。也许，

他有点孤独。但他没有携带武器，也没有死在荣耀的火焰中。他也没有妻子或家庭。他偶尔会表现出正义的愤怒——有一件事与教堂的货币兑换商有关。但他主要宣扬爱、和平和宽恕，而不是伊桑·爱德华兹所追求的仇恨、战争和复仇以及其他虚构的美国白人男子气概。

另一个问题是白人男子气概本身。它处于危机之中，且陷入危机已经有一段时间了。（也许它总是"处于危机之中"。）白人现在住在拥挤的城镇里，在拥挤的办公室和工厂里工作，在商店和超市购买食物。但他们越舒服，就越渴望开放的空间、自由的行动和生存的挑战。[17] 因此，他们发现了商业的新领域，在"户外活动"中找到了自由空间，在体育领域找到了竞争的挑战。在约翰·韦恩身上，他们发现了一种对男性成就感的幻想。

但是，换句话说，耶稣与约翰·韦恩有什么关系？在白人福音派的许多角落里，答案是：很多。约翰·韦恩不能被塑造成耶稣，所以耶稣被塑造成了约翰·韦恩。一位受欢迎的传教士解释说，他不是"一个挨打并花很多时间往头发上抹产品的懦夫"；用另一个人的话说，他也不是"遭阉割、缺乏阳刚之气的流行天仙"。相反，耶稣变得高大强壮、英俊潇洒，成为战士和斗士、领袖和企业家，在言行上均如此。实际上，他成了美国白人超级耶稣。[18] 这位耶稣不带来和平，却公开拿着刀剑。这位耶稣踢倒十字架，并殴打（社会主义）货币兑换商。白人男子气概、美国个人主义和基督教自由意志主义合而为一。

这让我们回到唐纳德·特朗普。特朗普主义被称为很多东西：民粹主义、父权主义、民族主义，甚至法西斯主义。所有这些标签都捕捉到了特朗普现象的某些方面。但其中只有一个——

父权制——暗示了与个人主义的联系。然而，它就在那里，而且非常有力。"让美国再次伟大"是白人基督教民族主义的世俗化和反动形式。这使唐纳德·特朗普成为新的约翰·韦恩。（尽管他更经常被描绘成新的兰博，即西尔维斯特·史泰龙饰演的流氓特种部队士兵。）

那么，为什么特朗普的精神气质仍能引起这么多白人基督徒的共鸣呢？因为特朗普主义和白人基督教民族主义的自由、秩序和暴力的核心理想之间有许多深刻的连续性。或者，以故事的形式：（白人）男子行使（正义的）暴力来捍卫（他们的）自由，并强加（种族和性别）秩序。从这个角度来看，更容易理解特朗普对许多白人基督徒的控制。他是他们男性理想的粗暴版本。

让我们从"自由"开始。当特朗普和他的支持者因不节制的语言——侮辱、威胁和亵渎——而受到批评时，他们将自己标榜为"言论自由"的捍卫者和敢于"政治不正确"的"取消文化"的反对者。换句话说，他们声称有上帝赋予的权利，可以不受惩罚地使用种族主义和性别歧视语言，就像吉姆·克劳及《广告狂人》的"美好时光"一样。因此，在我们的调查中，超过 3/4 的白人选民拒绝政治正确的言论，并认为"现在有太多人容易因语言而受到冒犯"，这并不奇怪。他们在 2016 年投票支持特朗普，然后在 2020 年再次投票支持特朗普。

但是，"自由"的言论不仅仅是对政治正确的反应。政治学家安德鲁·刘易斯（Andrew Lewis）记录了保守的基督教政治中的"权利转向"。[19] 刘易斯表明，几十年来，宗教保守派越来越多地放弃以明确的道德或宗教理由为反对性、性别或种族少数族裔辩护。这些论点在后基督教社会中不再那么有效了。宗教自由是一项重要权利。但一些基督教保守派现在把"言论自由"或"宗教自由"的语言变成了一根棍子，可以用来否认少数族裔的不满，并赋予他们自己特权。

2020 年的选举是这种反对少数族裔主张的语言的一个典型例子。特朗普承诺，民主党人，特别是拜登，将剥夺美国人的第一和第二修正案的权利。例如，在 2020 年 8 月 6 日的一次演讲中，特朗普警告说，拜登正在"遵循激进左翼的议程。拿走你的枪，摧毁你的第二修正案。任何宗教，任何东西，都不能伤害《圣经》，伤害上帝……他反对上帝。他反对枪支"。[20] 在 2020 年的特定背景下，宗教自由还包括无视"口罩令"或在宗教仪式上需保持社交距离令的自由。但"宗教自由"在历史上也意味着基督教企业可以拒绝为堕胎提供保险，拒绝为同性恋、双性恋和跨性别者提供服务，或牧师在讲坛上公开谴责他们的自由，或基督教收养机构接受联邦资金，拒绝为福音派基督徒以外的任何人提供服务。

就在 2020 年 11 月大选之后，我们要求美国人说明各种因素对他们的投票决定有多重要。大约 68% 的人认为宗教自由对他们的投票有"非常重要"的影响，他们拉升了特朗普获得的支持率。在那些认为宗教自由是影响他们投票的"最重要"问题的人中，近 95% 的人投票支持特朗普。但是，这种语言是否意味着包容性意义上的"宗教自由"，有利于政府在宗教问题上保持中立？一点儿也不。图 3.2 中的小组 A 显示，即使在考虑了相关特征之后，想要提升（白人）基督教在公共领域的影响力并将其制度化的美国人仍会优先考虑所谓"宗教自由"的问题。[21]

值得注意的是，小组 B 显示，那些认为基督徒如今面临相

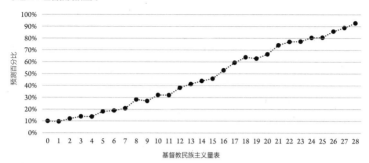

小组 A：基督教民族主义

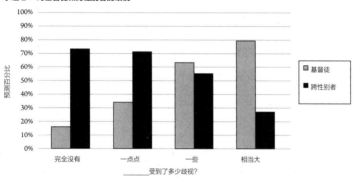

小组 B：对基督徒和跨性别者的歧视

图 3.2　白人关于"宗教自由"在 2020 年总统选举中对其投票是否产生"非常重要"的影响，以及基督徒和跨性别者是否受到歧视的预测百分比

注：基督教民族主义量表的二元逻辑回归（1=宗教自由"非常重要"，0=其他回应），控制基督徒、穆斯林、无神论者、犹太人和跨性别者的歧视，控制年龄、性别、教育程度、收入、政党认同、政治意识形态、宗教传统、宗教虔诚度和所在地区等参数。

资料来源：公共话语和伦理调查（2020 年 11 月第六批调查）。

当大的歧视但跨性别者却没有受到歧视的美国白人也更有可能在
2020 年的投票中优先考虑"宗教自由"。换句话说，"宗教自由"
的语言不仅是保守派基督教至上主义的狗哨语言，而且反映了一种信念，即基督徒是美国社会的真正受害者。他们所谓的"自由"意味着"我们的自由"。

但是，"他们"呢？

这就是暴力的用武之地。特朗普本人并不使用肢体暴力。然而，他是语言暴力大师，擅长使用语言作为武器来伤害并恐吓对手："不诚实的希拉里""瞌睡乔（拜登）""满嘴谎言的泰德""小马可（卢比奥）""低能量杰布（小布什）"。正如西部英雄用子弹干掉"印第安人"一样，特朗普也用绰号干掉"名义上的共和党人"和"左派"，以讨好他的粉丝。当然，特朗普并非不屑于威胁或煽动肢体暴力。"我可以站在第五大道中央向某人开枪，也不会失去任何选民。"他在2016年年初吹嘘道。在竞选活动中，面对抗议者，他敦促他的支持者"打他们的脸"或"把他们打得屁滚尿流"。"别对他们太好，"他补充道，"我会给你掏律师费的。"[22]

但是，特朗普支持的那种白人基督教民族主义，以及他的许多支持者内化的那种基督教民族主义，与谋杀手无寸铁的黑人或国会大厦骚乱等暴力行为究竟有什么联系？或者与枪支、死刑或酷刑这样的事情有什么联系？要回答这个问题，我们还需要理解白人基督教民族主义、暴力和社会秩序之间的重要联系，或者更直白地说，白人基督教民族主义与对外来者的威权控制之间的联系："我们"的自由；"他们"的暴力和秩序。

自由、暴力和秩序 II："黑人的命也是命" vs 国会大厦骚乱

2020 年 5 月 25 日，乔治·弗洛伊德死于白人警察德里克·肖文之手，引发了自 20 世纪 60 年代后期以来从未有过的全国性抗议浪潮。绝大多数抗议者是和平的。但少数人与警察发生冲突，并参与了骚乱和抢劫。白人治安队员和武装民兵以协助警察和保护私有财产为由出现在一些抗议活动中。2020 年 8 月 25 日，弗洛伊德去世整整三个月，一个名叫凯尔·里滕豪斯的 17 岁白人男子让他的母亲开车将他从伊利诺伊州安提阿送到威斯康星州基诺沙。当晚，里滕豪斯用突击步枪打死两人，打伤一人。特朗普为他鼓掌。共和党支持者为他众筹了保释金和律师费。

当肖文被判谋杀乔治·弗洛伊德时，人们的反应截然不同。福克斯新闻主持人塔克·卡尔森将这次审判描述为"对文明的攻击"。基督教右翼博主、2020 年《懦夫教会：给自满基督徒的警钟》一书的作者马特·沃尔什在推特上写道："几年前，乔治·弗洛伊德强行闯入一名妇女的家中，对其实施了抢劫。今天，那个女人不得不眼睁睁地看着数百万人把她的加害者变成他们的救世主。我们是一个病态的国家。"他立即补充说，"美国现存的唯一系统性和制度性种族主义是反白人种族主义"。[23]

上述这两个例子折射出的情况范围更大。保守的白人在某些情况下害怕和憎恶暴力（例如，来自黑人、移民或穆斯林的暴力）。但他们在其他情况下则对暴力表示赞赏（例如，警察、士兵和其他"持枪的好人"使用暴力）。我们认为，解释这种不一致的关键是白人基督教民族主义及其自由意志主义（针对白人）

和威权主义控制（针对非白人）的种族化结合。

2021年2月，我们向美国人提出了一系列关于适当使用暴力的问题。有几个问题更多的是关于一般性暴力。图3.3中小组A的数据显示，白人预计会认同以下表述，诸如"我反对一切形式的暴力"、"一个没有任何暴力的世界是我们都应该努力的目标"，或者"当局应该先讨论问题，而不是诉诸暴力"等说法。我们将这些价值观绘制在基督教民族主义量表上。应该明确的是，基督教民族主义似乎与美国白人对暴力的总体看法没有很强的关联。可以肯定的是，随着美国白人肯定基督教民族主义，他们对这些反暴力声明的赞同程度略有下降。但这只是轻微的。换句话说，我们不能得出白人基督教民族主义某种程度上强烈支持暴力本身这个结论，至少在我们考虑到保守的政治意识形态、党派偏见或年龄等因素后是这样。但是，当我们考虑当局或至少是"好人"为了改善社会而使用暴力，也许是为了控制有问题的人群时，会发生什么？

小组B的数据让我们观察到美国白人对所谓"正义暴力"的各种陈述的预期赞同程度，即如果明显遭遇到具有威胁性或暴力的"坏人"或"作恶者"，会以暴力予以回应的支持度。和以前一样，我们在基督教民族主义量表上绘制了美国白人得分的预测值。虽然白人基督教民族主义与美国白人对暴力的看法总体上只有微弱的联系，但在这里，它不仅与支持"正义暴力"有关，而且在我们的每个模型中，它无疑是最有力的预测指标。美国白人越是试图将"基督教价值观"或国家的基督教身份制度化，就越强烈地支持持枪的好人对付（真实的或想象的）持枪的坏人，更频繁地使用死刑、任何必要的手段维持治安，甚至把酷刑作为

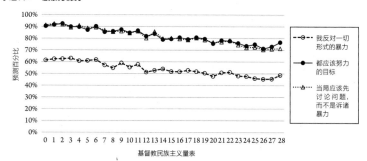

小组 A：一般暴力情况

小组 B：情境性暴力

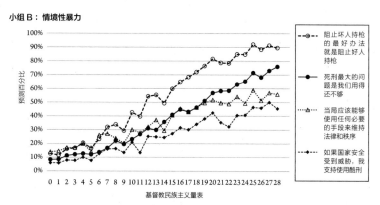

图 3.3　有关白人认同基督教民族主义中的暴力观点的预测

注：基督教民族主义量表的二元逻辑回归（1=同意，0=其他），控制年龄、性别、教育程度、收入、政党认同、政治意识形态、宗教传统、宗教虔诚度和地区等参数。

资料来源：公共话语和道德调查（2021 年 2 月第七批调查）。

一种审讯手段。

　　为什么这些因素之间会有这么强的关联性呢？为什么白人基督教民族主义没有以同样的方式与普遍的暴力联系在一起？我们已经观察到，与白人基督教民族主义相关的"个人主义"或"自由意志主义"，使得美国人倾向于主张"自由"。传统上，这涉及限制性别、性或少数族裔的自由等做法。白人基督教民族主义指定谁"值得"拥有其所珍视的自由，即"像我们这样的人"。但对于该群体之外的"其他人"来说，白人基督教民族主义赋予当权的白人控制这些人口的"自由"，以维持某种社会秩序，在必要时通过暴力使"像我们这样的好人"享有特权。[24]

除了刑事司法系统中针对美国黑人的暴力之外，也许没有什么比以下两种当代情况更能证明这种"我们 vs 他们"的自由和"正义暴力"的意义了：一是参与民主的"价值"，二是对国会大厦骚乱的理解。

长期以来，合法和非法选民压制一直是白人保守派的一种策略，目的是使选举向有利于他们的方向倾斜。然而，政治学家和社会学家经常忘记这些努力的意识形态支持，因为民权运动来自白人基督教民族主义。就在 1980 年大选的几个月前，美国立法交流委员会和道德多数派组织的联合创始人保罗·韦里奇在达拉斯的一次会议上向听众发表讲话，听众包括蒂姆·拉哈耶、帕特·罗伯逊、詹姆斯·罗宾逊和 W. A. 克里斯韦尔等福音派领袖，以及共和党总统候选人罗纳德·里根。[25]韦里奇告诉他的听众，"现在我们的许多基督徒都有我所说的'咕咕综合征'，期盼所谓的好政府。他们希望每个人都投票。我不希望每个人都投票。选举不是由大多数人赢得的。从我们国家成立之初就不是，现在也不是"。他接着解释说："事实上，随着投票人数的下降，我们在选举中的影响力显著上升。"在他的基督教右翼听众面前，韦里奇解释了这一策略：如果更少的人——尤其是我们的对手——去投票，我们的团体就能继续掌权。政策含义很明确：让"问题"人群更难投票，或者至少不要让投票变得更容易。

自从那以后的几十年里，韦里奇的反民主情绪一直在基督教右翼身上反复出现。参加 1980 年会议的人中还有资深保守派活动家菲利斯·施拉夫利（Phyllis Schlafly）。在 2012 年总统大选之前，施拉夫利强调了为什么限制提前投票如此重要。"缩短允许提前投票的天数尤为重要，因为提前投票在奥巴马的竞选活动中起着重要作用。民主党人掌控了大多数允许提前几天投票的州。"几年后，阿肯色州前州长、浸信会牧师和共和党总统候选人迈克·赫卡比回应了韦里奇的话："我知道大多数政客都说我们希望每个人都去投票，但我要对你说实话，我不希望每个人都投票。如果他们这么愚蠢——没错，如果他们要投票给我，他们就得投票；如果他们不投票给我，就得待在家里。我的意思是，就是这么简单……但从大局来看，有些投票的人不知道我们的宪法是怎么说的。"[26] 赫卡比引述的最后一部分很有启发性，因为他将公民投票的价值不仅与他们对他的支持联系起来，而且与他们对宪法的了解联系起来。

这些观点的基础是对民主参与的理解，这种理解有着深刻的历史根源，即只有某些群体（即像我们这样的人）才"值得"在政府中拥有发言权，并且让投票更加困难是完全可以接受的，特别是对于那些可能"不值得"的人（即像他们这样的人）。事实上，我们发现，白人基督教民族主义与这些态度之间的联系非常强烈。

2020 年 10 月，就在大选前夕，我们向美国人提出了一系列关于选民准入条件的问题。图 3.4 显示了美国白人在坚持基督教民族主义意识形态方面的观点如何变化。即使考虑到政治党派之分和保守的政治意识形态以及其他相关特征，基督教民族主义仍然是最有力的预测因素，美国白人认为我们已经让这个国家的投票变得太容易了，他们会支持假设的法律，限制某些重罪犯的投票权，或者只允许那些可以通过基本公民测试的人投票——这是吉姆·克劳的令人震惊的回声。相比之下，随着美国白人基督教民族主义倾向的增大，他们相信总统选举中的选民压制是一个现实问题的可能性直线下降。为什么即使考虑了相关的政治特征，我们仍然会看到这些模式？因为白人基督教民族主义从根本上是反民主的"其他人"，即那些"不值得"参与的人。这就是维持秩序的方式：对"我们"来说是自由，对"他们"来说则要限制。

在民权运动之前，与民主参与有关的暴力更为普遍，当时南方白人恐吓或残酷对待想要投票的少数族裔是司空见惯的。但反民主暴力在 2021 年 1 月 6 日死灰复燃。在 2020 年大选之前，唐纳德·特朗普向他的追随者们保证，与 COVID-19 有关的邮寄选

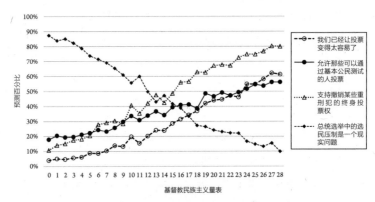

图 3.4　美国白人肯定选民准入条件的预测百分比

注：基督教民族主义量表的二元逻辑回归（1=同意，0=其他），控制年龄、性别、教育程度、收入、政党认同、政治意识形态、宗教传统、宗教虔诚度和地区等参数。

资料来源：公共话语和道德调查（2020 年 10 月第五批调查）。

票和提前投票的增加将导致大规模的选民欺诈。例如，在5月26日的一条推文中，他警告说："没有办法（零！）邮寄选票将不具有实质欺诈性。邮箱将被抢劫，选票将被伪造，甚至被非法打印和伪造签名。"在11月8日投票日之前，他一直坚持这样的叙事。随着他将失去选举人团选票，情况变得越来越明显，特朗普加大了他推文的力度，反复提出毫无根据、被彻底揭穿的言论，称整个选举都被操纵了，他实际上以压倒性的优势获胜。他的基督教民族主义支持者，如埃里克·梅塔克萨斯、查理·柯克、詹娜·埃利斯、米歇尔·巴赫曼，以及美国家庭广播电台的几乎所有节目都明确地重复了这种说法，或者更巧妙地重复了迈克·赫卡比、托尼·珀金斯、罗伯特·杰弗里斯或富兰克林·格雷厄姆等支持者谈论的"未回答的问题"和"差异"问题。共和党国会议员煽动了关于选举舞弊的谎言，并受到拒绝确认选举结果的集体行动的支持。然后是1月6日发生的国会大厦骚乱。

我们不会重述国会大厦可怕的混乱、恐惧和暴力。书面记录、视频片段和复原的当时场景比比皆是。历史学家彼得·曼索（Peter Manseau）在推特标签 #CapitolSiegeReligion（国会大厦围攻宗教）下对基督教符号、旗帜、祈祷文以及T恤和语言的拼贴进行了编目。这是白人基督教民族主义公然和可怕的表现，以至于即使是像阿尔·莫勒这样支持特朗普的福音派也不得不承认这一点，并迅速将其视为"非主流"的声音。

但它并不是"非主流"的声音。2021年2月，大约在骚乱一个月后，我们对美国人进行了关于1月6日事件的调查。不出所料，美国白人越肯定白人基督教民族主义意识形态，就越有可能否认特朗普与这一事件有任何关系（见图3.5）。相反，他们将

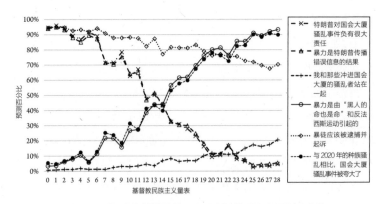

图 3.5　对国会大厦骚乱持不同观点的美国白人预测百分比

注：基督教民族主义量表的二元逻辑回归（1=同意，0=其他），控制年龄、性别、教育程度、收入、政党认同、政治意识形态、宗教传统、宗教虔诚度和地区等参数。

资料来源：公共话语和道德调查（2021 年 2 月第七批调查）。

暴力归咎于"黑人的命也是命"或反法西斯运动等左翼势力。与此同时，白人越肯定基督教民族主义，就越有可能说他们与暴徒站在一边，而越不可能说暴徒应该被逮捕和起诉。但如果暴力是由反法西斯运动和"黑人的命也是命"运动引起的，那么，为什么这些美国白人（他们免除了特朗普的所有责任）更有可能与暴徒站在一边，反对他们被逮捕和起诉呢？

这是怎么回事？一种可能性是，白人基督教民族主义者承认，愤怒的白人基督徒在国会大厦参与了暴力活动，但他们的暴力是正义和正当的，不应该被起诉。这是合理的，因为这是对2020 年夏天"黑人的命也是命"和反法西斯运动抗议者更严重的暴力行为的回应。在这一点上，他们只是在遵循深层故事的逻辑："这是我们的国家，不是他们的。我们可以用暴力夺回它。"

结论

白人基督教民族主义是一种秩序和等级理论。它区分了局内人和局外人，以及当这两者必须占据同一个国家时，哪些人在上层，哪些人在下层。"像我们这样的人"——白人基督徒公民——才是真正的美国人。其他人都是被容忍留在这里的。用对特朗普友好的克莱蒙特研究所直言不讳的语言来说："今天生活在美国的大多数人——肯定超过一半——并不是真正意义上的美国人。他们是'僵尸'和'啮齿动物'，而不是'热爱真理与美的真正的男人和女人'。"27

白人基督教民族主义也是一种自由理论。白人基督徒公民拥有上帝赋予的权利，用约翰·洛克的话说就是"生命、自由和财产"的权利，或如杰斐逊重述的"生命、自由和追求幸福"的权利。这些权利是"不可剥夺的"和"不可侵犯的"。它们不是由政府授予的，也不能被政府夺走或被侵犯。它们是"神圣的"。任何人都不得违反它们，尤其是来自另一个"部落"的人。

这就引出了我们的第三个主题——暴力。它把秩序和自由联系在一起。暴力可以是秩序的根源，也可以是混乱的根源。它可以是自由的表达，也可以是对自由的攻击。这完全取决于谁参与了暴力。暴力可以被理解为当（隐含的白人）警察或"持枪的好人"对（隐含的非白人）"坏人"挥舞枪支时试图维持适当的秩序。它甚至可以被理解为试图恢复国会大厦骚乱中的秩序。但是，当暴力被归因于"黑人的命也是命"、反法西斯运动或内城居民时，它被视为道德堕落和反乌托邦式的混乱。白色暴力是秩序的最终来源；相比之下，黑人或左翼暴力是混乱的最终来源。

白人基督徒的暴力也是自由最基本的表现；另外，少数派或被认为是社会主义者的暴力是对自由的最大威胁。另一位高傲的克莱蒙特作家解释说，"好人"必须是"危险的人"，也就是说，白人"爱国者"随时准备对拉丁裔帮派和黑人罪犯使用暴力。这就是"让美国再次伟大"运动中的"政治哲学"。[28]

第 4 章

避免"大灾难"

人们很容易将这次骚乱视为少数坏人犯下的孤立事件。共和党人可能会发现"坏苹果"的观点很有吸引力，因为它免除了他们的领导人的责任。（假设他们不责怪反法西斯运动和"黑人的命也是命"运动，或者联邦调查局和中央情报局。）白人进步人士也可能觉得骚乱很有吸引力，因为它使骚乱分子看起来很边缘。不幸的是，这两种观点都大错特错。骚乱是已经酝酿了一段时间的地下势力的爆发。这些力量并没有消失，相反，它们正在再次聚集。第二次爆发可能比第一次更大、更猛烈，大到足以埋葬美国民主至少一代人。

压力越来越大的根源是美国社会的一系列缓慢变化。美国已经慢慢变得不那么"白"了；基督徒越来越少，美国的力量也在衰落；美国变得更加多样化、世俗化和国际化。这与某种观念相冲突，即美国是一个白人基督教国家，受到上帝的青睐，由准备用暴力捍卫自由和秩序的白人基督徒统治。那天在国会大厦上空喷出的符号——种族主义、基督教和民族主义——是这些不同力量的副产品。骚乱的失败暂时释放了一些压力，但它并没有解决美国将成为一个什么样的国家的根本问题。

与此同时，撕裂美国的政治断层线越来越深。它们现在威胁分裂这个国家。在这里，白人基督教民族主义也在表面之下发挥作用。它正迅速成为美国政治的"圣安地列斯断层"。关于种族不平等、警察暴力、枪支暴力、经济政策、媒体两极分化、COVID-19、投票权和民主的辩论只是我们政治表面的裂缝。关于美国身份的更深入的、存在主义的辩论是这一切的基础。还会有另一次爆发——而且很快。这次会是"大灾难"吗？它是否会最终推翻美国数百年民主体制，并最终导致整个联邦解体？

在前面，我们已经研究了白人基督教民族主义如何塑造我们当今的政治，以及当今的政治是如何由过去的政治形成的。我们绘制了景观图，以了解其构成要素。我们深入研究了随着时间推移而建立的白人基督教民族主义的各个层面。我们"地质分析"的最后一步是风险评估。

在这里，我们以三个问题为指导：白人基督教民族主义将走向何方？在最坏的情况下会发生什么？美国人能做些什么来防止这种情况发生？

2020年，美国勉强避免了"大灾难"的发生，但威胁依然存在。事实上，它正在一天天累积。

它会朝什么方向发展？

要问一场"保守"运动正在发生怎样的变化，这似乎有些矛盾。保守主义的全部意义不就是阻止或减缓变革吗？这个疑问是由两个误解造成的。第一，当代白人基督教民族主义是"保守的"。事实并非如此，它是"反动的"。它不寻求维持现状。相反，它试图摧毁现状，回到神话般的过去："让美国再次伟大。"第二，反动运动本身是不变的。事实并非如此。正如政治理论家科里·罗宾（Corey Robin）所说，这种运动只反对一种变化，即威胁其权力的变化。[1] 在意识形态和策略方面，他们非常愿意改变——甚至是彻底改变——以捍卫现有的等级制度或恢复旧的等级制度。事实上，他们甚至准备使用暴力和革命手段。这就是为什么特朗普最坚定的盟友经常（错误地）将1690年精神说成1776年精神。

因此，如果白人基督教民族主义随着时间的推移而改变，以捍卫和恢复种族、宗教和政治等级制度，我们不应该太惊讶。正如我们所看到的，自三个多世纪前首次出现以来，它已经采取了许多种不同的形式。在最初的几个世纪里，"白人"的意思是英国人，然后是土生土长的白人；"基督徒"的意思是新教徒。而"其他人"包括不属于这些重叠类别的任何人。第二次世界大战后，它演变成"色盲"，变成了"犹太-基督教""美国例外论"。白人的定义主要与黑人相对立；基督教被扩大到包括天主教徒和摩门教徒，并连起来包括（一些）犹太人，或者至少看起来不反犹。美国被定义为一个"全球超级大国"，注定要监督"国际秩序"，也就是说，它自己的帝国。

今天，白人基督教民族主义再次改变其形态。

反黑人敌意仍然是一个核心要素，但反移民的本土主义的重要性日益增加。本土主义本身并不新鲜。它在美国有着悠久的历史，与大规模移民时期大致相当，例如 20 世纪上半叶。[2] 但重要的是要记住，罗纳德·里根和乔治·W. 布什都是支持移民的。支持他们的共和党建制派也是如此，但现在不再如此了。像特德·克鲁兹和卢·多布斯这样的共和党政治家和专家首先因其严厉的反移民立场而在全国范围内声名鹊起。边境墙、穆斯林禁令和赢得贸易战是唐纳德·特朗普 2016 年竞选活动的标志性议题。特朗普的竞选经理和他最亲密的总统顾问史蒂夫·班农和史蒂文·米勒都信奉"大替代"阴谋论，认为左翼精英有意引进非白人和非基督徒移民，目的是取代白人基督徒选民，巩固他们的权力。右翼学者也抓住了这种说法。安·库尔特（Ann Coulter）在 2015 年出版的《美国再见》（Adios, America）一书中解释说："美国选民并没有转向左翼，而是在减少。没有谁改变了思想。民主党人只是带来了一群新的选民，他们的想法不需要改变。"福克斯新闻主持人塔克·卡尔森在 2021 年年中再次将这一曾经是边缘的理论纳入主流。[3]

这种转变背后的政治战略非常明确。美国的人口结构正在发生变化。但是，共和党没有听从党内领导人的建议，变得更加"包容"，而是决定加倍重视白人基督徒的怀旧情绪，以动员其基本盘选民，并呼吁本土主义，以扩大其基础。强调出生地而不是肤色的本土主义策略使共和党人能够吸引在美国出生的黑人和西班牙语裔。这一策略出人意料地成功。事实证明，它在得克萨斯州和佛罗里达州等地非常有效。2020 年，唐纳德·特朗普在这些州的西班牙语裔和黑人男性那里获得了比 2016 年更多的选票。[4]

基督教的界限也再次发生变化。他们已经扩展到曾经被认为是"世俗"的领域。直到最近，大多数美国人可能还会根据归属感和／或信仰来定义基督徒。当然，大多数社会科学家都是这样做的。成为基督徒就是成为教会的成员和／或肯定某些信仰（例如，对上帝或《圣经》的信仰）。但今天，称自己为"基督徒"甚至"福音派"，有时只是声称自己是某个意识形态或政治部落的成员，或捍卫某种"生活方式"的方式。罗杰斯·布鲁贝克（Rogers Brubaker）称之为"文明主义"宗教。

我们可以从数据中看出福音派标签的逐渐世俗化。我们要求美国人确定他们目前是否认为自己是"基督徒"，以及他们是否认为自己是"重生或福音派基督徒"。图 4.1 显示的是通过其特定宗教身份认同来确定任一群体的人的百分比。我们还包括基督教民族主义的关键措施之一的宗教分裂，即希望政府正式宣布美国为基督教国家。在那些自认为是"基督徒"的人中，超过 15% 的人也表示他们是世俗的或属于其他宗教。更重要的是，近 19% 的"福音派"人士也被认为是"世俗的"或属于非基督教。值得注意的是，在同意宣布美国为"基督教国家"的美国人中，超过 1/5 是世俗人士或非基督教信仰者。显然，像"基督教"和"福音派"这样的宗教术语正在成为社会认同和政治观点的标志，而不仅仅是宗教信仰。

在思想层面上，我们观察到类似的界限模糊现象，我们发现宗教"预言信仰"和世俗阴谋论之间的重叠越来越多。例如，在特朗普担任总统期间和之后，"末日"的故事与所谓的"匿名者 Q"阴谋论高度纠缠在一起。该理论认为，相信撒旦崇拜的自由派精英的秘密阴谋集团正在贩卖毒品、性虐待和残杀儿童。[5]在 2020 年 10 月进行的一项民意调查中，政治学家保罗·朱佩发

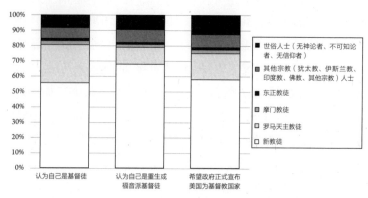

图 4.1　按特定宗教传统划分的美国人在基督教身份和基督教民族主义指标上的
百分比

资料来源：公共话语和道德调查（2019 年 8 月第一批调查、2021 年 2 月第七批调查）。

现，在基督教民族主义量表排名前 25% 的美国人中，有 73% 的人也肯定了"匿名者 Q"阴谋论的核心原则。

在运动层面，不断发展的基督教教义也导致了宗教右翼和白人民族主义者之间更多的重叠和互动。当然，这并不新鲜。例如，旧的宗教右翼与三 K 党相互重叠。[6] 但旧的共和党建制派不会接受民兵组织的支持。无论你如何看待其政策，都很难想象乔治·H. W. 布什会称夏洛茨维尔的游行者为"非常好的人"。

"美国"和"爱国主义"的含义也在从国际主义向孤立主义转变。或者更确切地说，是还原到孤立主义。因为，就像本土主义一样，孤立主义并不是什么新鲜事。它至少与乔治·华盛顿关于"纠缠联盟"危险的著名警告一样古老。然而，在 20 世纪初，保守的共和党人往往是孤立主义者，而民主党人是国际主义者。

但这种情况在冷战期间发生了变化。民主党人受到越战失败的惩罚，并变得越来越反战。共和党的"新保守主义者"和"鹰派"自豪地吹捧美国是"必不可少的国家"和"全球霸主"。

重要的是，曾经是孤立主义者的宗教和社会保守派现在加入了国际主义的大合唱。他们的动机部分是神学的。他们将冷战理解为与"无神论的共产主义"的斗争。他们认为"反恐战争"是一场与"邪恶轴心"的战斗。但他们的动力也来自对海外传教工作的承诺。"美国治下的和平"的安全保护伞使美国福音派教徒能够自由旅行，并在全世界传播他们的福音。葛培理等福音派领袖用他们的"宣教"和"十字军东征"的语言模糊了美帝国主义和美国基督教之间的界限。[7]

但是，这种情况已经发生了根本的变化。"新保守主义"鹰派已经变成"永不支持特朗普的人"，处于边缘地位的孤立主义已经成为共和党的主流思想。[8] 它的新口号是"强大的边界"，也就是强大的中国。

当今冷战的利害关系似乎是经济上的，但确实有意识形态方面的因素，因为它呼吁人们注意内部敌人："全球主义者"（一个长期存在的、带有反犹色彩的术语）。与"民族主义者"相反，他们是"真正的美国人"。唐纳德·特朗普定下了基调。在2018年的一次集会上自豪地称自己为"民族主义者"后，他将自己的民族主义与全球主义民主党候选人相提并论，并解释说："你知道什么是全球主义者，对吧？全球主义者是一个希望世界发展得更好的人，坦率地说，他们不太关心我们的国家。而且，你知道吗？我们不能这样。"[9]

党派倾向也反映在宗教和社会保守派身上，他们欣然加入了新的孤立主义大合唱。这些阵营的思想领袖甚至为新民族主义创造了一种神学原理，听起来与几十年前的种族分离主义论点惊人相似。他们耐心地解释道，上帝将人类分成了不同的国家。正如韦恩·格鲁德姆和罗伯特·杰弗里斯等神学家和牧师反复说过的那样，耶路撒冷有围墙，天堂也会有围墙，边境墙是上帝的主意。更重要的是，上帝命令基督徒遵守并执行律法，包括移民法。事实上，尤其是移民法。换句话说，上帝希望你留在他把你放在的那个国家。[10]

到目前为止，基督教民族主义的新词汇包括三个条目：本土主义、文明主义和孤立主义。但是我们至少需要再添加两个词来完成这本更新的词典："不满"和"弥赛亚主义"。

关于"不满政治"的重要性，以及地位的丧失如何导致保守的白人基督徒的被迫害感，我们已经说了很多。但仍然值得强调的是，这是一个非常新的现象。传统上，深层故事是以必胜的语气讲述的。近四个世纪以来，许多美国白人基督徒一直认为自己在种族、政治和宗教上都优于他们的对手。但是今天，他们想象自己在防守，而不是进攻。"战斗"已经取代了"胜利"。而且反对的声音越来越强，或者说他们很恐惧。

我们可以通过最近的数据来记录这种日益增长的恐惧。2021年2月，我们询问了美国人，他们认为白人和基督徒现在遭受了多少歧视，以及他们认为这两个群体在未来一年内将遭受多少歧视。图 4.2 显示了认为白人和基督徒现在遭受"很多"歧视，次年还会遭受"很多"歧视的白人预测百分比。显然，随着基督教民族主义倾向的加剧，美国白人更有可能感到白人和基督徒在 2021 年年初遭受歧视。还要注意的是，当我们向白人询问他

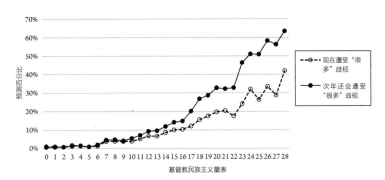

图 4.2 认为白人和基督徒现在遭受"很多"歧视，次年还会遭受"很多"歧视的白人预测百分比

注：二元逻辑回归模型。

资料来源：公共话语和道德调查（2021 年 2 月第七批调查）。

们预计在拜登就职后会遭受的歧视时，这一比例会大幅上升。显然，白人基督教民族主义者担心，在民主党的领导下，迫害会增加，以至于近 2/3 的人预计在极端情况下，白人和基督徒会遭受"很多"歧视。

最后一个需要注意的变化是突然走向弥赛亚主义。社会科学家一再揭穿宗教保守派在投票给特朗普时必须"捏住鼻子"的说法。少数人可能是这样。但大多数人爱他；他们很早就爱上了他，而这种爱只会随着时间的推移而增长。他们爱他，不仅是因为他们信任他，而且是因为他们把他看作救世主和保护者，会使他们免受敌人的伤害。[11] 正如我们在图 4.2 中看到的，基督教民族主义者对特朗普作为"救世主"的希望与特朗普承诺拯救白人保守派基督徒免于被边缘化和迫害一样多。

2020 年 10 月大选前夕，我们询问了美国人，当时白人和基督徒遭受了多少歧视，以及他们认为如果特朗普或拜登在 11 月获胜，这些群体将遭受多少歧视。图 4.3 显示了认为白人和基督徒现在都遭受"很多"歧视的白人预测百分比，以及认为如果任何一位候选人获胜，基督教民族主义者的不同群体仍将遭受"很多"歧视的白人预测百分比。即使在基督教民族主义量表的高位上，如果特朗普获胜，认为白人和基督徒将遭受"很多"歧视的白人预测百分比也相对较低，远低于认为这些群体在选举前遭受了"很多"歧视的白人预测百分比。换句话说，特朗普的第二个任期意味着这些群体将受到更多保护。但看看如果拜登当选总统，基督教民族主义者感受的威胁是如何飙升的。在最肯定基督教民族主义意识形态的白人中，超过一半的人认为白人和基督徒在拜登的领导下都会遭受"很多"歧视。从他们的角度来看，特朗普不仅会像他在 2016 年承诺的那样，将美国从经济下滑中拯救出来，而且将拯救白人和基督徒，使他们免受极端伤害。

特朗普曾将自己描述为"被上帝选中的人"，尽管语气有些

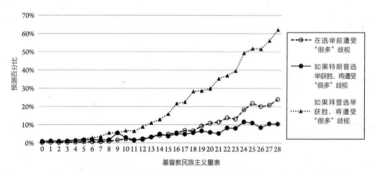

图 4.3　认为 2020 年 10 月，如果特朗普或拜登选举获胜，白人和基督徒现在都遭受"很多"歧视的白人预测百分比

注：二元逻辑回归模型。

资料来源：公共话语和道德调查（2020 年 10 月第五批调查）。

开玩笑。[12] 但是他的一些基督徒支持者似乎并不认为这是个笑话，也许是因为这个笑话实际上是他们提出的。有些人甚至称他为"受膏者"，这是《圣经》中曾经为以色列国王保留的术语。[13] 此外，在"匿名者Q"阴谋论的宗教版本中，特朗普经常被塑造成一个复仇的基督的角色，他会在被称为"风暴"的审判日惩罚鸡奸者。[14] 当然，美国历史上充满了富有魅力的传教士，但绝对正确的政治救世主并不多。这也是一种新事物。

如果这位弥赛亚回归——作为一个民选候选人，或另一场血腥政变的领导人——他的王国会是什么样子？他和他的支持者会做些什么来"让美国再次伟大"？这会意味着美国民主的终结吗？

迫在眉睫的威胁

在这本书中，我们一直认为，白人基督教民族主义正成为美国民主的严重威胁。现在是时候弄清楚我们所说的"民主"是什么意思了，以及为什么白人基督教民族主义实际上是一种威胁，甚至可能是一种致命的威胁。

我们所说的"民主"是指政治哲学家所说的"自由民主"。民主只是意味着"人民"的统治。自由民主还有许多其他特征，其中包括普选权、人权和法律面前人人平等，等等。[15]

白人基督教民族主义威胁美国自由民主的第一个，也是最基本的方式是，它以一种排斥许多美国人的方式定义"人民"。白人基督教民族主义是通常被称为"种族民族主义"的一种形式。[16] 它从种族、宗教和出生地的角度界定了民族归属感。自由民主建立在通常所说的"种族民族主义"之上。它从价值观、法律和制度方面来定义国家。

与宪法的第一句话和数十年的保守派言论相呼应，特朗普的支持者经常称自己为"我们人民"，好像他们的政治对手不是，也不可能是"真正的美国人"。这就是为什么这么多人迅速接受特朗普关于"选举舞弊"的"大谎言"的原因之一。如果"真正的"人投票了，那么特朗普就不会赢了吗？如果他输了，那么一定有欺诈行为。也许是"外国人"干涉了，也许是"非法移民"在投票。

由于白人基督教民族主义强化了对"人民"的狭隘的种族民族主义定义，它促使其追随者要求"选举诚信"改革，限制对手获得选票的机会，尤其是当他们输了的时候。就在2020年大选之前，白人基督教民族主义与"让投票变得太容易了"的观点密切相关。选举结束后，这种相关性变得更加强烈（见图4.4）。即使考虑到党派和政治意识形态因素，美国白人对基督教民族主义的肯定越强烈，就越有可能对特朗普的选举失败做出反应，认为投票权应该受到更多限制。

当然，选民压制是美国式的。[17]吉姆·克劳系统就是以它为前提的。共和党的选举策略也是如此。正如我们所提到的，共和党策略师保罗·韦里奇早在唐纳德·特朗普出现之前就说过，"我不希望每个人都投票"。40年后的2021年4月，韦里奇创立的保守派游说团体"传统行动"的发言人吹嘘，她的组织在为共和党控制的立法机构起草选民压制法律方面发挥了作用。[18]

然而，自2020年以来，有一件事发生了变化：曾经在闭门造车的情况下悄悄完成的事情现在正在公共广场上大声进行。根

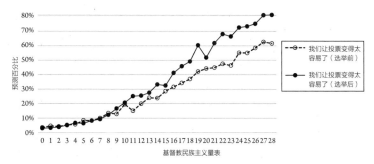

图 4.4　认为"我们"在 10 月（大选前）和 11 月（大选后）"让投票变得太容易了"的白人预测百分比

注：二元逻辑回归模型。

资料来源：公共话语和伦理调查（2020 年 10 月第五批调查、2020 年 11 月第六批调查）。

据布伦南司法中心的数据，截至 2021 年春末，美国已经出台了近 400 项选民压制法，其中最突出的是得克萨斯州和佐治亚州，这两个州历来是共和党人占多数，但现在却竞争激烈。几乎所有此类法律都是透明的，旨在通过严格的身份要求、减少提前投票、清除选民名册等方式限制选民的准入门槛。自吉姆·克劳时代以来，还没有出现过如此公开地进行选民压制的情况。

投票权并不是白人基督教民族主义破坏的唯一权利。事实上，它导致了一种权利不平等的哲学："权利归我，但不归你。"当我们对比白人基督教民族主义者对 2020 年和 2021 年"黑人的命也是命"和国会大厦骚乱的反应时，已经在行动中观察到了这一理念。但在接下来的一年中，当保守派专家和政客谴责左翼"取消文化"和"政治正确"时，这一点也很明显，甚至他们自己也"取消"了众议员利兹·切尼的领导职位，以大声疾呼所谓的"大谎言"，并通过禁止公立学校和大学使用"批判性种族理论"的法律。得克萨斯州后来通过立法"废除"了马丁·路德·金，将他的演讲《我有一个梦想》从该州的公民课程中删除。[19]

这种冲动也不局限于共和党基本盘。自特朗普上任以来，狭隘和反民主的潮流在保守的基督教知识分子中变得越来越强大。在一些天主教圈子里，对哲学和神学自由主义的批评几乎成了常态。圣母大学的帕特里克·迪宁谴责"自由主义的失败"，认为它应对各种现代社会弊病负责。专栏作家兼编辑苏赫拉布·阿马里进一步认为，保守派必须"将我们的秩序和正统观念强加给全国其他地区"，以确保"最高利益"。[20]同样，哈佛法学院的阿德里安·维穆勒试图复兴天主教的"整体主义"，即国家应该服从教会的权威，就像佛朗哥独裁统治下的西班牙一样。[21]这种观点也不局限于天主教右翼。保守派《国家评论》（*National Review*）的前编辑里奇·洛瑞最近明确主张回归"文化民族主义"，拒绝多元文化主义。[22]与此同时，加尔文主义保守派彼得·莱特哈特赞扬了罗马皇帝君士坦丁的美德，因为他宣布基督教为罗马的官方宗教，并追捕"异教徒"。[23]当然，基督教重建主义者半个多世纪以来一直主张回归神权政治。[24]尽管很少有美国人能够定义"整体主义"或"重建主义"，更不用说宣誓效忠这些运动了，但它们的核心要素渗透到了主流基督教民族主义中。

保守的基督教知识分子中日益高涨的威权主义情绪不仅仅是空谈。这是宗教右翼更广泛转变的一个主要指标。只要天生的白人基督徒在数量和文化上占主导地位，就不需要直接挑战美国的民主制度。面对少数群体的地位和权力的削弱，一些人现在准备拒绝自由民主，转而采取"更强硬的措施"。两位著名的保守派人士，其中一位曾是特朗普的官员，甚至在广播中反思从国会大厦骚乱中吸取的"教训"以及美国君主制可能带来的好处。[25] 如果这样的人得逞，会发生什么？要回答这个问题，我们只需要看看已经破坏自由民主的其他非自由主义政权。

可能发生的事情

美国反自由主义的发展并没有什么特别之处。基督教民族主义者也在许多其他国家与右翼民粹主义者结盟。[26] 匈牙利、波兰、俄罗斯和菲律宾已经被这样的联盟统治了一段时间。巴西最近也加入了它们的行列。也不是所有的宗教民族主义者都是基督教民族主义者。类似的联盟也在土耳其（逊尼派穆斯林）、印度（印度教）和缅甸（佛教）掌权。[27]

正如哈佛大学政治学家史蒂文·列维茨基（Steven Levitsky）和丹尼尔·齐布拉特（Daniel Ziblatt）在他们颇具影响力的著作《民主国家如何死亡》（*How Democracies Die*）中概述的那样，这些政权的近期历史为特朗普的第二个总统任期提供了一些令人担忧的线索。[28] 像特朗普一样，这些政权的领导人都是通过民主选举上台的。然而，一旦掌权，他们就开始进行变革，使他们很难——非常困难——再次被赶下台。

美国机构已经提供了少数党可以利用的几种机制来维持权力。首先是选举人团制度，这使得在不赢得普选的情况下赢得总统职位成为可能，就像 2000 年和 2016 年那样。第二种是政党不公正划分选区，它允许政客选择自己的选民，而不是相反。由于他们在农村地区的代表人数过多，两者都大大放大了共和党和保守派选民的力量。[29] 因此，共和党在州议会中控制的席位数量往往与其在普选票中所占的份额极不成比例。许多州的国会代表团也是如此。例如，2020 年，共和党在宾夕法尼亚州赢得了不到 49% 的普选票，但在州议会中赢得了超过 56% 的席位。

毫不奇怪，支持选举人团制度和同意解决不公正划分选区问题与对基督教民族主义的支持高度相关（见图 4.5）。即使在党派之争或政治意识形态等因素保持不变的情况下，基督教民族主义也与白人不愿解决不公正划分选区问题或支持通过普选选举总统密切相关。相反，白人基督教民族主义显然倾向于选举人团制度。这些发现表明，与白人基督教民族主义相关的"民粹主义"是一种威权民粹主义，它乐于用民主程序换取部落的胜利。

在美国以外，威权民粹主义领导人很少完全取消选举。但他们经常改变选举规则，以利于自己：规定谁可以投票，如何计算选票，如何将选票转化为席位，如何划分选区，如何组建议会联

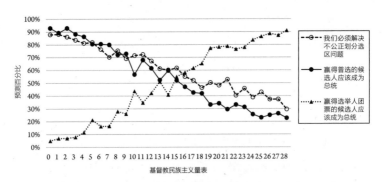

图 4.5　同意解决不公正划分选区问题、支持普选或支持选举人团制度的白人预测百分比

注：二元逻辑回归模型。

资料来源：公共话语和道德调查（2020 年 10 月第五批调查）。

盟，等等。当这些变化未能带来预期的结果时，领导人有时会宣布结果无效，并举行新的选举。

改变规则后，独裁者就会改变裁判员：法院。通过任命忠诚的法官，民粹主义强人阻止了对新选举法和其他有利于他们及其盟友的"改革"的法律挑战。（本着这种精神，在2021年7月的布尔诺维奇诉民主党全国委员会案中，美国最高法院新的保守派绝对多数掏空了《投票权法案》的剩余部分。）当这未能产生预期的结果时，他们有时会扩大法院，改变司法管辖权，或者干脆将其完全解散。然而，当法院发布不符合他们意愿的裁决时，他们只是置之不理。

在"改革"了选举和司法制度之后，他们又将注意力集中在立法机构上。或者，更确切地说，将尽可能多的权力移交给行政长官，也就是他们自己。有时，他们还宣布进入紧急状态，有时还会发布行政命令。但在任何地方，权力都是集中的。自由民主慢慢让位于强人政权下的威权统治。特朗普毫不掩饰他对威权统治者的钦佩。或者，更确切地说，他对独裁权力的钦佩。（本着这种精神，在特朗普于2020年大选失败后，佐治亚州和其他地方的共和党控制的州政府以"选举诚信"和"投票改革"的名义将选举管理权集中在自己手中。）

与此同时，腐败滋生。这不仅是一种自我致富的策略，而且是一种政治控制策略。政治权力被用来积累经济资源，反之亦然。领导人、他的家人和他们的核心圈子利用国家权力来致富。他们控制了矿产资源。他们将国家合同交给了朋友。他们将公共资金转移到离岸账户。他们保留了部分财富，供个人使用。他们还把其中一些"投资"到他们强大的支持者身上，而这些支持者又将其中一部分"再投资"给他们自己的支持者，从上层的腐败亿万富翁到底层的小型黑客，建立起庞大的赞助网络。那些拒绝玩游戏并试图建立竞争对手网络的人受到骚扰，被征用甚至灭口。特朗普本人在任职期间就朝这个方向迈出了一步。

有时暴力是由执法部门、情报官员或军警实施的。在其他时候，它是由与该政权意识形态相同的治安维持会和准军事组织实施的，或者是那些只想分享战利品的犯罪团伙。

然而，这些袭击的目标不仅仅是政治或经济对手。强人政权也试图控制文化。[30] 因此，记者、学者和宗教领袖经常受到恐吓、监禁或处决。与此同时，他们尽一切努力胁迫和哄骗媒体、大学和宗教团体遵守底线，支持政权。反对派报纸、持不同政见的学院和骚乱的礼拜堂被关闭。亲政权组织得到扶持，并占据关键岗位。

但最残酷的暴力往往是针对政权的"内部敌人"，无论其定义如何：印度的穆斯林、缅甸的罗兴亚人或匈牙利的罗姆人。即使在巴西，超凡魅力福音派与威权政权的兴起也导致了对传统非裔巴西宗教的迫害。在每一种情况下，目标都会遭受暴民暴力、种族清洗和法外处决等对待。

当然，这一切都不是一夜之间发生的。民主国家不会因枪声而突然灭亡；相反，它们会被用膝盖抵着脖子慢慢窒息。鉴于我们记录的趋势，美国的自由民主会遭受同样的命运吗？

它会不会在这里发生？

国会大厦骚乱很可能被证明是 2024 年大选的一次试运行。2020 年，特朗普推翻选举并继续留在白宫的努力之所以失败，是因为地方和州政府中有足够多的共和党官员拒绝支持，也因为有足够多的共和党任命的法官驳回了他的竞选活动的各种法律上诉。毫无疑问：这种情况不会再发生。特朗普和他的盟友已经吸取了教训。那些反对国会大厦骚乱或挑战"大谎言"的人正在被党派忠诚者取代或被剥夺权力。只要问问利兹·切尼或布拉德·拉芬斯珀格就知道了。鉴于如今美国大选竞争如此激烈，仅仅在几个摇摆州操纵或改变选举结果，就足以让特朗普或特朗普的忠实追随者声称入主白宫。这也许是更有可能重新掌权的道路。

唯一真正的问题是，下一次共和党骚乱是否会成功。这个问题的答案不会仅仅由投票箱决定。相反，它也将通过涉及各个权力中心的广泛幕后政治斗争来决定。这场斗争的结果很难预测，尽管它很可能涉及暴力事件。但是，各种类型的权力的分配确实为我们提供了一些关于它如何展开的重要线索。特朗普主义的胜利将结束民主的可能性确实存在，但这绝不是必然的结果，原因有两个：权力的分散和国家的多样性。

美国的政治权力比大多数国家更加分散，包括许多非自由主义政权控制的国家。在某种程度上，这是美国宪法设计的一个功能。由于在君主制的阴影下长大，并研究过暴政的历史，国家创始人对集权统治有一种合理的恐惧，并试图通过分散政府权力来阻止它。他们将主权授予各州，但也授予联邦政府。他们将政府的权力分为三个独立的分支机构，州政府紧随其后。他们还解散了革命军，反对常备军，因为他们知道许多暴君的职业生涯都是从军官开始的。他们反对建立国家银行的原因也很类似：他们知道私人财富的大量集中往往会导致寡头统治。

美国的宪法设计也不是强人集权统治的唯一障碍。在许多国家，经济、政治和文化权力都集中在一个城市（如伦敦、巴黎和东京）。要控制国家，只需要控制首都。但在美国并非如此。在这里，美国的领土扩张导致了权力的进一步分散。这不仅仅是纽约州、佛罗里达州、得克萨斯州和加利福尼亚州等大州的政治权力。经济实力也是分散的，电影在洛杉矶制作，应用程序在硅谷编码，石油在休斯敦交易，债券在纽约拍卖，军费开支在华盛顿决定，这只是其中几个突出的例子。夺取所有这些权力中心的控制权并非易事。

文化权力在美国也很分散。重要的是，美国顶尖大学不受联邦政府控制；它的广播电台和电视台也是如此。它们正迅速被社交媒体取代，这些媒体也掌握在私人手中。这使得压制异议和控制"信息传递"变得更加困难，就像民粹主义强人在其他国家所做的那样。试想一下，如果唐纳德·特朗普有权力取代加州大学系统的所有教职员工，关闭 CNN，并禁止人们使用推特。有人真的认为他会犹豫这样做吗？

美国的宗教团体也是如此。宗教自由创造了多个相互竞争的宗教团体，对政治有不同的看法。总而言之，美国不是只有一个精英，也不是只有一个关键城市或社区，而是三者兼而有之。这些精英、城市和社区有着相互冲突的利益和意识形态。所有这些都给这位野心勃勃的煽动者制造了另一个巨大的障碍。詹姆斯·麦迪逊会很高兴。

文化实力就是"软实力"。那么，国家暴力的"硬实力"呢？在这里，权力的分散也为全面的暴政制造了障碍。在许多国家，只有一支警察部队处于中央控制之下。在美国，有无数的警察部队在州和地方的控制下。可以肯定的是，这通常会使当地警察部队逃避联邦监督。有时，他们甚至与当地治安警察勾结，就像在吉姆·克劳时代一样。但它也保护了他们免受潜在暴君的集中接管。想象一下，如果巴尔的摩、弗格森和波特兰的警察部队在特朗普总统任期内都在联邦控制之下，将发生什么？

这不是唯一的障碍，甚至不是最重要的障碍。在许多国家，警察和军队成员来自占主导地位的种族或宗教团体。下属团体被有效地排除在外。但在美国并非如此。整合美国武装卫量的长期努力非常成功。整合地方执法部门的类似努力有些参差不齐，但并非完全失败，特别是在大城市。为什么这很重要？因为多种族和多元文化的军队和执法部门不太可能支持特朗普及其白人基督教民族主义支持者梦寐以求的那种公开或默认的种族主义和基督教政权。

总之，政治、经济、文化和军事力量分散在多个机构、地区和精英中，以及这些精英的日益多样化，将使一个野心勃勃的强人很难实现高度集中的控制。

吉姆·克劳 2.0

如果特朗普及其盟友重新掌权，更可能的结果是南非社会学家皮埃尔·范登伯格所说的"统治民族"民主。他将其定义为"一种议会制度，其中权力和选举权的行使实际上通常在法律上仅限于占主导地位的群体"。该群体将自己理解为优越的种族或文化，其他种族和亚文化受到不同程度的法律歧视和暴力征服。[31]我们称之为吉姆·克劳2.0。

像最初的吉姆·克劳一样，它将集中在信奉"让美国再次伟大"的一些州。在那里，下属团体和政治异见人士将受到各种形式的法律歧视、公开羞辱和私刑暴力。最严厉的待遇可能只针对非白人和非法移民，他们可能会遭受前所未有的大规模驱逐出境。在吉姆·克劳2.0中，布朗可能会成为新的黑人。

当然，这样的政权在反对"让美国再次伟大"的州会受到广泛的抵制，实际上也是如此。"让美国再次伟大"的政权肯定会试图利用联邦政府和司法机构的权力，迫使"蓝州"（民主党占多数）统一战线。例如，它可能会拒绝向不配合其大规模驱逐政策的"庇护城市"提供联邦资金，也可能会拒绝向继续要求进行多样性培训或教授批判性种族理论的大学提供研究资金，这是右翼的最新担忧。但西海岸和东北部的深蓝州将有足够的力量和资源来抵制这种胁迫企图。

如果"让美国再次伟大"的政权持续了20年或更长时间——大多数威权政权都这样——那么沿着意识形态路线进行自我分类的现有趋势可能会继续，甚至加速。具有"让美国再次伟大"思想的白人可能会追随自由意志主义倾向的"技术兄弟"和"金融兄弟"，从加利福尼亚州和纽约州到得克萨斯州和佛罗里达州。受过大学教育的白人专业人士可能会向另一个方向迁移，离开达拉斯和奥兰多郊区，前往芝加哥和西雅图郊区。在这个过程中，"永不支持特朗普"的保守派分子戴维·弗伦奇认为，分裂甚至内战将开始成为可能。[32] 其结果可能是联邦的解体。

就像最初的吉姆·克劳一样，"统治民族"民主只会通过长期而代价高昂的非暴力反抗、大规模抗议和经济抵制被真正打散，这些运动将严重扰乱坚持"让美国再次伟大"的州的生活。像第一次和第二次民权运动一样，它可能会持续几十年，可能需要多次尝试。特朗普的第二个总统任期很可能会演变成一个寿命更长的特朗普王朝，权力最终会传给特朗普的一个孩子。

特朗普主义的美国不会是希特勒的德国，但它离威权统治也不远。这样的政权与其他民粹主义和强盗政权一样，特点是政府无能，并伴随着经济的逐渐衰退。具有讽刺意味的是，"让美国再次伟大"的认真尝试最终可能会使美国变得混乱和贫穷。

我们能做什么？

美国正处于十字路口。它以前就在那里，而且不止一次。它的左边是一条通向多种族民主的道路，右边是一条通往白人继续统治的道路。过去，美国有时会在一段时间内转向左翼，但随后又急剧转向右翼。1787 年，它将奴隶制纳入宪法；1877 年，它将南方交给邦联"救世主"；1968 年，它选择"法律和秩序"，而不是民权。[33] 每一次，这个国家向前迈出两步，然后后退一步。

这一次，它会转向哪一条路？现在，和过去一样，答案将部分取决于白人基督徒选择哪条道路。但这也取决于世俗进步派是否愿意与那些对自由民主有共同承诺的有信仰的人结盟。现在需要的是一个广受欢迎的阵线，从亚历山大·奥卡西奥-科尔特斯和伯尼·桑德斯等民主社会主义者，到比尔·克里斯托尔和戴维·弗伦奇等古典自由主义者，还延伸到拉塞尔·摩尔、贝丝·摩尔或蒂姆·凯勒等世界主义、"永不支持特朗普"的福音派人士。在这个联盟中，彼此之间的意识形态分歧还是相当大的。他们在堕胎和不平等等政策问题上存在深刻分歧，但也在投票权、种族公正、宗教自由和法治等自由民主原则等问题上达成了总体共识。

在决定转向哪条路时，保守的白人基督徒可能会从面对自己的历史开始。像任何历史一样，它在道德上是复杂的。令人羞愧的事情有很多。白人新教神学为种族主义、帝国主义和剥削提供了神学上的依据。在某些情况下，它仍然如此。这不仅仅是"种族偏见"或"个人道德"的问题。相反，它与深层故事有关，这个故事塑造了许多基督徒对当下的看法，而他们甚至可能都没有意识到。正视白人基督教民族主义不仅意味着"审视自己的内心"，而且意味着要正视你部落的历史。这意味着不仅要面对自己的罪，而且要面对"祖先的罪"。

当然，当代福音派也有很多值得骄傲的地方。总有一些白人基督徒认为种族主义、帝国主义和剥削是他们过去和现在的罪恶，并且为另一个基于平等、包容和共同利益的美国而奋斗。现在仍然有这样的人，我们在这本书中就见到了许多。虽然福音派过去的某些部分令人遗憾，但其他部分是值得称赞的。在规划通往多种族和多元文化美国的道路时，白人保守派基督徒可能会回顾罗杰·威廉斯或威廉·佩恩等人物。对他们来说，基督教信仰与文明和宽容齐头并进。在美国基督教中，不乏可能有助于规划前进道路的资源。

建立捍卫自由民主的人民阵线也需要世俗进步派直面他们的过去。世俗进步主义是自由主义新教的产物。[34] 它也有一段道德上复杂的历史，因为它也与白人基督教民族主义交织在一起，特别是与20世纪初的白人盎格鲁-撒克逊新教徒帝国主义版本交织在一起。世俗进步主义也有其深层故事。在这个故事中，道德和智力发达的精英带领落后和愚昧的群众走向繁荣和启蒙。[35] 20世纪初，这个深层故事与本土主义、帝国主义和优生学纠缠在一起。今天，它带有"工作主义"、精英主义和技术统治论的色彩。[36] 而且，在许多情况下，他们对有组织的宗教有一种本能的反感，这被视为对个人自主权的致命威胁，甚至是一种"虐待儿童"的形式。如果他们真的认真对待自由民主，那么世俗进步派也必须放下一些自己最根深蒂固的偏见，这些偏见在煽动民粹主义怨恨和推动政治两极分化方面发挥了重要作用。

美国就是一个实验，目标是建立一个由多民族组成的统一的民族与国家，并在整个大陆范围内建立代议制民主。实验是否成功并不必然，甚至也不清楚。挑战是双重的：在深刻的多样性中保持社会团结，并维持公民对大众民主的参与。两者都不容易。过去，民主共和国通常规模小，文化同质化。事实上，一些政治哲学家认为，共和政府只有在这样的背景下才有可能存在。两个多世纪以来，美国一直反其道而行。是否会有另一个美国世纪，以及这个世纪是否会是民主的，还有待观察。这将在很大程度上取决于每个美国人在未来几年内做出的决定，也取决于他们建立的联盟。

唐纳德·特朗普和他最狂热的追随者已经做出了决定：他们拒绝了美国的多种族民主实验，转而支持白人基督教民族主义。

　　他们是否成功，取决于我们其他人。

致　谢

　　虽然这本书篇幅不长，但有很多同事、机构和朋友参与其中。在此，我们充满感激地列出每一个名字，并讲述他们的互动和支持，正是这些给了我们激励，但随后的致谢会很长。

　　我们按字母顺序向以下人士表示最诚挚的谢意：Sinem Adar, Einstein Fellows, Berlin; Carol and John Albright; Scott Appleby and Atalia Omer, "Contending Modernities," Notre Dame; Joseph O. Baker; Loretta Bass; Rita Hermon-Belot, École des hautes études en sciences sociales; Michelle Boorstein, *The Washington Post*; Ruth Braunstein; Annika Brockschmidt; Delf Bucher, *Reformiert*; Anthea Butler; Clemens Carl and Beatrix Dombrowski, Herder Verlag; John Carlson, Center for the Study of Religion and Conflict, University of Arizona; Shaun Casey, Berkley Center for Religion, Peace, and World Affairs at Georgetown; Jocelyn Cesari; Jerome Copulsky; Caroline Mala Corbin; Tobias Cremer; Joshua T. Davis; Angela Denker; Toby Dodge, Social Science Research Council; Paul Djupe; Kristin Kobes Du Mez; Penny Edgell, MOSAIC, University of Minnesota; Thomas Edsall, *New York Times*; John Fea, "Current Pub"; François Foret, CEVIPOL, Free University of Brussels; Kenneth Frantz; Tom Gjelten, NPR; Eliza Griswold, *The New Yorker*; Jeff Guhin; Conrad Hackett and Greg Smith, Pew Research Center; Sam Haselby; Patrick Hough and Peter Wicks, Elm Institute; James Davison Hunter, Charles Mathewes, and Isaac Ariail Reed, Institute for Advanced Studies in Culture, University of Virginia; Julie Ingersoll; Adrien Jaulmes, *Le Figaro*; Hans Joas, Marcia Pally, Rolf Schieder, Department of Theology, Humboldt University, Berlin; Jack Jenkins; Robert P. Jones, PRRI; Robert Kehoe, *The Point Magazine*; Matthias Koenig; Andreas Lesch, *Bistumspresse*; Michael Luo, *The New Yorker*; Gerardo Marti; Colin McEnroe, WNPR; Paul D. Miller; Peter Manseau; Yascha Mounk, "The Good Fight" podcast; Anne Nelson; Bradley Onishi, "Straight White American Jesus"; Diane Orson NPR/CT Public Radio; Willimien Otten and William Schultz, Rustandy Center, University of Chicago; Sarah Posner; Princeton Center for Human Values; Hartmut Rosa, University of Jena; Andrew Seidel, Freedom from Religion Foundation; Ayelet Shachar and Steven Vertovec, Max Planck Institute for the Study of Religious and Ethnic Diversity, Göttingen; Jyotirmaya Sharma; Landon Schnabel; Mark Silk, Religion News Service; Jason Stanley; Frauke Steffens, *Frankfurter Allgemeine Zeitung*; Dante Stewart; Katherine Stewart; Chrissy Stroop; Mathis Trapp, *WDR*; Katja Ridderbusch, *Deutschlandfunk*, Christiane Florin, Tag für Tag, *Deutschlandradio*; Reinhard Bingener, *Frankfurter Allgemeine*

Zeitung; Friederike Schulte, Carl-Schurz-Haus, Freiburg; Jay Tolson, *The Hedgehog Review*; Amanda Tyler, BJC; Pierre-Antoine Ullmo, "EXP Expeditions"; Marietta van der Tol, Landecker Seminar, Blavatnik School, Oxford; Miroslav Volf; Jon Ward, "The Long Game" podcast; Andrew Whitehead; Daniel Wildman, Leo Baeck Institute, London; Jonathan Wilson-Hartgrove; Monika Wohlrab-Sahr and Marian Burchardt, "Multiple Secularities" Research Group, Leipzig; Geneviève Zubrzycki。

我们必须特别指出几个人，以表达特别的感谢。

我们非常感谢杰马尔·蒂斯比撰写前言。他的著作对我们产生了巨大的影响，他的热情支持之于我们的意义是无法用寥寥数语表达的。

感谢马丁·范格尔德恩和位于哥廷根的利希滕贝格·克勒格和莫里茨·斯特恩研究所。他们为菲利普·戈尔斯基休学术年假提供了慷慨的支持；在此期间，他提出了本书中的许多想法和论点。

如果没有约书亚·格拉布斯的工作和查尔斯·C.科赫基金会的慷慨支持，公共话语和伦理调查是不可能实现的。格拉布斯博士不仅获得了资金，而且通过YouGov（舆观，英国著名的民意调查机构）安排了数据收集，并慷慨地接受塞缪尔·佩里在调查工具上提出的许多问题。获取这些数据对了解美国基督教民族主义的作用是无法估量的。

我们也感谢西奥·卡尔代拉拉和牛津大学出版社的整个团队，感谢他们对本书提出的愿景建议以及在整个写作出版过程中的不懈努力。

最后，我们还要感谢我们的家人。

菲利普：致我的妻子海拉和我的儿子雅各布、埃里克和马克。谢谢你们忍受我对美国政治的无尽思考。

塞缪尔：致我的妻子吉尔、我的女儿瑞安，还有我的儿子博和惠特曼。你们让我的心充满无尽的动力和喜悦。

注 释

导 言

1. Bradley Onishi, "Trump's New Civil Religion," *New York Times*, January 19, 2021, Opinion.

2. Thomas B Edsall, "The Capitol Insurrection Was as Christian Nationalist as It Gets," *The New York Times,* January 28, 2021.

3. 关于基督教民族主义的重要研究，包括 Andrew Whitehead and Samuel Perry, *Taking America Back for God: Christian Nationalism in the United States* (New York: Oxford University Press, 2020); Michelle Goldberg, *Kingdom Coming: The Rise of Christian Nationalism*, 1st ed. (New York: W.W. Norton & Co., 2006). http://www.loc. gov/catdir/toc/ecip065/2005036593.html; Kevin M Kruse, *One Nation Under God: How Corporate America Invented Christian America* (New York: Basic Books, 2015); Philip Gorski, *American Babylon: Democracy and Christianity Before and After Trump* (London: Routledge, 2020); Katherine Stewart, *The Power Worshippers: Inside the Dangerous Rise of Religious Nationalism* (New York: Bloomsbury, 2019); Anthea Butler, *White Evangelical Racism: The Politics of Morality in America* (Chapel Hill: University of North Carolina Press Books, 2021)。

4. Amy Sherman, "Post Wrongly Says Thousands of Ballots Sent to Dead People, Pets in Virginia and Nevada," *Politfact* (September 9, 2020). https://www.politifact. com/factchecks/2020/sep/09/facebook-posts/post-wrongly-says-thousands-ballots-sent-dead-peop/.

5. Robert P Jones, *The End of White Christian America* (New York: Simon and Schuster, 2016).

6. Jones, *The End of White Christian America*; Eric Kaufmann, *Whiteshift: Populism, Immigration and the Future of White Majorities* (Penguin UK, 2018); Timothy Snyder, *The Road to Unfreedom: Russia, Europe, America* (Tim Duggan Books, 2018). Jones, *The End of White Christian America*.

7. Arlie Russell Hochschild, *Strangers in Their Own Land: Anger and Mourning on the American right* (New York: The New Press, 2016); George Lakoff and Mark Johnson, *Metaphors We Live By* (Chicago: University of Chicago Press, 2008).

8. Joseph O Baker, Samuel L Perry, and Andrew L Whitehead, "Keep America Christian (and White): Christian Nationalism, Fear of Ethnoracial Outsiders, and Intention to Vote for Donald Trump in the 2020 Presidential Election," *Sociology of Religion* 81, no. 3 (2020); Bart Bonikowski, "Ethno-nationalist Populism and the Mobilization of Collective Resentment," *The British Journal of Sociology* 68 (2017); Diana C Mutz, "Status Threat, Not Economic Hardship, Explains the 2016 Presidential Vote," *Proceedings of the National Academy of Sciences* 115, no. 19 (2018).

9. 关于基督教国家的神话，见 John Fea, *Was America Founded as a Christian Nation?*, Revised ed. (Louisville, KY: Westminster John Know Press, 2016); Andrew Seidel, *The Founding Myth: Why Christian Nationalism Is Un-American* (New York: Sterling, 2019); Steven K Green, *Inventing a Christian America: The Myth of a Religious Founding* (New York: Oxford University Press, 2015); Bernard Bailyn, *The Ideological Origins of the American Revolution*, Enl. ed. (Cambridge, MA: Belknap Press of Harvard University Press, 1992); Steven M Dworetz, *The Unvarnished Doctrine: Locke, Liberalism and the American Revolution* (Durham, NC: Duke University Press, 1989); Eric Nelson, *The Hebrew Republic: Jewish Sources and the Transformation of European Political Thought* (Cambridge, MA: Harvard University Press, 2011); Katherin Carté, *Religion and the American Revolution* (Chapel Hill: University of North Carolina Press, 2021); Sven Beckert and Seth Rockman, *Slavery's Capitalism: A New History of American Economic Development* (Philadelphia: University of Pennsylvania Press, 2016); Thomas M Shapiro, *Toxic Inequality: How America's Wealth Gap Destroys Mobility, Deepens the Racial Divide, and Threatens Our Future* (New York: Basic Books, 2017)。

10. 关于基督教民族主义的《圣经》来源，见 Philip S Gorski, *American Covenant*, 2nd ed. (Princeton, NJ: Princeton University Press, 2019); Anthony D Smith, *Chosen Peoples: Sacred Sources of National Identity* (Oxford: Oxford University Press, 2004); Paul S Boyer, *When Time Shall Be No More: Prophecy Belief in Modern American Culture*, Studies in cultural history (Cambridge, MA: Harvard University Press, 1992);

David Mark Whitford, *The Curse of Ham in the Early Modern Era: The Bible and the Justifications for Slavery* (London: Routledge, 2017); Gorski, *American Babylon: Democracy and Christianity Before and After Trump*。

11. Jemar Tisby, *The Color of Compromise: The Truth about the American Church's Complicity in Racism* (Grand Rapids, MI: Zondervan, 2019).

12. Robert Jewett and John Shelton Lawrence, *Captain America and the Crusade against Evil: The Dilemma of Zealous Nationalism* (Grand Rapids, MI: W.B. Eerdmans, 2003); Kaleigh Rogers, "Why QAnon Has Attracted So Many White Evangelicals," *FiveThirtyEight* (March 4, 2021).

13. Richard Slotkin, *Regeneration through Violence: The Mythology of the American Frontier, 1600–1860* (Norman, OK: University of Oklahoma Press, 2000); Richard Slotkin, *Gunfighter Nation: The Myth of the Frontier in Twentieth-Century America* (Norman: University of Oklahoma Press, 1998).

14. Jacob S Hacker and Paul Pierson, *Let Them Eat Tweets: How the Right Rules in an Age of Extreme Inequality* (New York: Liveright Publishing, 2020). See also Kaufman, *Whiteshift: Populism, Immigration and the Future of White Majorities*; Philip S Gorski, "The Long Withdrawing Roar. From Culture Wars to Culture Clashes," *The Hedgehog Review*, Summer 2021.

15. Jones, *The End of White Christian America*; Gorski, *American Babylon: Democracy and Christianity Before and After Trump*; Marisa Abrajano and Zoltan L Hajnal, *White Backlash* (Princeton, NJ: Princeton University Press, 2015); Carol Anderson, *One Person, No Vote: How Voter Suppression Is Destroying Our Democracy* (New York: Bloomsbury Publishing USA, 2018).

16. Emma Green, "White Evangelicals Believe They Face More Discrimination Than Muslims," *The Atlantic* (March 10, 2017).

17. Jill Lepore, *This America: The Case for the Nation* (Hachette, UK: Liveright 2019); Steven B Smith, *Reclaiming Patriotism in an Age of Extremes* (New Haven, CT: Yale University Press, 2021), pp. 23–24.

18. 史蒂文·史密斯在他关于爱国主义的书中指出，马基雅维利和卢梭都认为基督徒不能成为爱国者，因为他们考虑的是自己的永久公民身份，而不是国家。Smith, *Reclaiming Patriotism in an Age of Extremes*.

19. https://twitter.com/albertmohler/status/727673203267670016?lang=en.

20. Ruth Igielnik, Scott Keeter, and Hannah Hartig, "Behind Biden's 2020 Victory: An Examination of the 2020 Electorate, Based on Validated Voters," *Pew Research Center* (June 30, 2021). https://www.pewresearch.org/politics/2021/06/30/behind-bidens-2020-victory/.

21. "Wheaton Faculty Have Released a Statement Condemning 'Abuses of

Christian Symbols' at the Capitol," *Relevant*, January 12, 2021, https://www.relevantmagazine.com/current/nation/wheaton-college-capitol-raid/. Cheryl;K Chumley, *Socialists Don't Sleep: Christians Must Rise or America Will Fall* (New York: Humanix Books, 2020).

22. 根据皮尤 2016 年 1 月收集的宗教与政治调查（可在 www.thearda.com 获得），美国白人认为他们的候选人分享他们的宗教信仰非常重要，认为宗教在美国失去影响力是一件坏事，并认为政治领导人的宗教表达太少，他们更有可能支持特朗普，而不是本·卡森、特德·克鲁兹、马可·卢比奥和杰布·布什。

23. Rogers Brubaker, "Between Nationalism and Civilizationism: The European Populist Moment in Comparative Perspective," *Ethnic and Racial Studies* 40, no. 8 (2017), pp 1191-1226.

第 1 章

1. "A Reporter's Footage from Inside the Capitol Siege," *The New Yorker* (2021). https://www.newyorker.com/news/video-dept/a-reporters-footage-from-inside-the-capitol-siege?utm_medium=social&utm_brand=tny&mbid=social_twitter&utm_source=twitter&utm_social-type=owned. See also "Inside the Capitol Riot: An Exclusive Video Investigation," *The New York Times* (2021). https://www.nytimes.com/2021/06/30/us/jan-6-capitol-attack-takeaways.html.

2. Eric Kaufmann, *Whiteshift: Populism, Immigration and the Future of White Majorities*.

3. 我们将在整本书中以图的形式呈现我们的数据。但是，有关公共话语和道德调查以及与数字相对应的回归表的详细信息，请参阅作者所在大学院系的网页。

4. Andrew L Whitehead and Samuel L Perry, *Taking America Back for God: Christian Nationalism in the United States*.

5. Paul A Djupe and Ryan P Burge, "What Is an Evangelical?," *Religion in Public* (May 7, 2020). https://religioninpublic.blog/2020/05/07/what-is-an-evangelical/.

6. 令人惊讶的是，耶和华见证会的得分相对较高。考虑到该组织在 20 世纪中叶经常被批评为"非美国人"，这是出人意料的，因为它正式教导上帝的子民应该避免爱国主义的表达，例如服兵役，甚至向国旗敬礼。然而，耶和华见证会在这里可能以极端宗教保守派的身份回答，而不是以他们正式的神学教义来回答。这也强调了我们在其他的关于基督教民族主义研究中发现的一个重要观点：我们的政治神学往往更多地取决于我们的文化和政治部落，而不是我们宗教传统的正统教义。

7. Hedieh Mirahmadi, "The Assault on 'White America,'" *The Christian Post*

(April 8, 2021). https://www.christianpost.com/news/the-assault-on-white-america.html.

8. Joshua T Davis, "Funding God's Policies, Defending Whiteness: Christian Nationalism and Whites' Attitudes Towards Racially-Coded Government Spending," *Ethnic and Racial Studies* 42, no. 12 (2019); Ian Haney-López, *Dog Whistle Politics: How Coded Racial Appeals Have Reinvented Racism and Wrecked the Middle Class* (New York: Oxford University Press, 2015).

9. Samuel L Perry and Andrew L Whitehead, "Christian America in Black and White: Racial Identity, Religious-National Group Boundaries, and Explanations for Racial Inequality," *Sociology of Religion* 80, no. 3 (2019); Samuel L Perry, Andrew L Whitehead, and Joshua B Grubbs, "Prejudice and Pandemic in the Promised Land: How White Christian Nationalism Shapes Americans' Racist and Xenophobic Views of COVID-19," *Ethnic and Racial Studies* 44, no. 5 (2021).

10. James Baldwin, *The Fire Next Time* (New York: Vintage, 2013).

11. 以牧师和政治家此类书籍的一小部分为抽样，肯定了"美国例外论"的信条，又名基督教民族主义。Newt Gingrich, *Rediscovering God in America* (Nashville, TN: Thomas Nelson, 2006); D James Kennedy, *What if America Were a Christian Nation Again?* (Nashville, TN: Thomas Nelson, 2003).

12. Jose F Figueroa, Rishi K Wadhera, Dennis Lee, Robert W Yeh, and Benjamin D Sommers. "Community-Level Factors Associated with Racial and Ethnic Disparities in COVID-19 Rates in Massachusetts," *Health Affairs* (2020). http://doi.org/10.1377/hlthaff.2020.01040. Chengzhen L Dai et al. 2021. "Characteristics and Factors Associated with Coronavirus Disease 2019 Infection, Hospitalization, and Mortality Across Race and Ethnicity," *Clinical Infectious Diseases* (2021). DOI: 10.1093/cid/ciab154.

13. Samuel L Perry, Andrew L Whitehead, and Joshua B Grubbs, "Culture Wars and COVID-19 Conduct: Christian Nationalism, Religiosity, and Americans' Behavior during the Coronavirus Pandemic," *Journal for the Scientific Study of Religion* 59, no. 3 (2020).

14. Perry, Whitehead, and Grubbs, "Culture Wars and COVID-19 Conduct."

15. 在最近的一项研究中，怀特·黑德和佩里（2020）发现，基督教民族主义是美国人对疫苗及其管理者持怀疑态度的有力预测因素。Andrew L Whitehead and Samuel L Perry, "How Culture Wars Delay Herd Immunity: Christian Nationalism and Anti-vaccine Attitudes," *Socius* 6 (2020). https://doi.org/10.1177/2378023120977727, https://journals.sagepub.com/doi/abs/10.1177/2378023120977727.

16. Samuel L Perry, Andrew L Whitehead, and Joshua B Grubbs, "Save the Economy, Liberty, and Yourself: Christian Nationalism and Americans' Views on

Government COVID-19 Restrictions," *Sociology of Religion* (2020). https://doi.org/10.1093/socrel/sraa047, https://doi.org/10.1093/socrel/sraa047.

17. Chumley, *Socialists Don't Sleep: Christians Must Rise or America Will Fall*.

18. Dinesh D'Souza, *United States of Socialism: Who's Behind It. Why It's Evil. How to Stop It* (New York: All Points Books, 2020).

19. Lilliana Mason, *Uncivil Agreement: How Politics Became Our Identity* (Chicago: University of Chicago Press, 2018).

第 2 章

1. Nikole Hannah-Jones, *The 1619 Project: A New Origin Story* (New York: One World, 2021); J Brian Charles, "The New York Times 1619 Project Is Reshaping the Conversation on Slavery. Conservatives Hate It," *Vox* (August 20, 2019). https://www.vox.com/identities/2019/8/19/20812238/1619-project-slavery-conservatives.

2. 1776 Commission, *1776 Report*, The White House (Washington, DC, 2021), https://trumpwhitehouse.archives.gov/briefings-statements/1776-commission-takes-historic-scholarly-step-restore-understanding-greatness-american-founding/;Gillian Brockell, "'A Hack Job,' 'Outright Lies': Trump Commission's '1776 Report' Outrages Historians," *Washington Post* (Washington, DC), January 20, 2021, https://www.washingtonpost.com/history/2021/01/19/1776-report-historians-trump/.

3. 全面的概述，参见 Ronald Takaki, *A Different Mirror: A History of Multicultural America*, 2nd. rev. ed. (Boston: Little, Brown and Company, 2008). Karen Brodkin, *How Jews Became White Folks and What That Says about Race in America* (New Brunswick, NJ: Rutgers University Press, 1998); Eric L Goldstein, *The Price of Whiteness: Jews, Race, and American Identity* (Princeton, NJ: Princeton University Press, 2019)。

4. Gary B Nash, *Red, White, and Black: The Peoples of Early America* (Englewood Cliffs, NJ: Prentice-Hall, 1982); Richard A Bailey, *Race and Redemption in Puritan New England* (Oxford: Oxford University Press, 2011).

5. Benjamin Quarles, *The Negro in the American Revolution* (Chapel Hill: Omohundro Institute and University of North Carolina Press, 2012); Gary B Nash, *Race and Revolution* (Lanham, MD: Rowman & Littlefield, 1990); Sylvia R Frey, *Water from the Rock: Black Resistance in a Revolutionary Age* (Princeton, NJ: Princeton University Press, 2020).

6. 关于清教主义的文献汗牛充栋，有用的入门书包括：Michael P Winship, *Hot Protestants: A History of Puritanism in England and America* (New Haven, CT: Yale University Press, 2019); Francis J Bremer, *Puritanism: A Very Short Introduction*

(Oxford: Oxford University Press, 2009); Jim Sleeper, "Our Puritan Heritage," *Democracy*, no. 37 (2015). https://democracyjournal.org/magazine/37/our-puritan-heritage/。

7. Sacvan Bercovitch, *Typology and Early American Literature* (n.p.: University of Massachusetts Press, 1972); Thomas M Davis, "The Exegetical Traditions of Puritan Typology," *Early American Literature* 5, no. 1 (1970).Stephen Foster, *The Long Argument: English Puritanism and the Shaping of New England Culture, 1570–1700* (Chapel Hill: University of North Carolina Press, 1991); Francis J Bremer, *The Puritan Experiment: New England Society from Bradford to Edwards* (Lebanon, NH: University Press of New England, 1995); Nicholas Guyatt, *Providence and the Invention of the United States, 1607–1876* (New York: Cambridge University Press, 2007).

8. Robert Middlekauff, *The Mathers: Three Generations of Puritan Intellectuals, 1596–1728* (Berkeley: University of California Press, 1999); Jill Lepore, *The Name of War: King Philip's War and the Origins of American Identity*, 1st Vintage Books ed. (New York: Vintage Books, 1999). Cotton Mather, *Magnalia Christi Americana; or, The Ecclesiastical History of America* (Hartford, CT: W.S. Williams, 1855).William Bradford, *Bradford's History of Plymouth Planation, 1606–1646* (New York: Barnes and Noble, 1982); Susan Juster, *Sacred Violence in Early America* (Philadelphia: University of Pennsylvania Press, 2016); Alfred A Cave, *The Pequot War* (Amherst: University of Massachusetts Press, 1996).

9. On the history of apocalpytic thought within Protestantism: Irena Backus, *Reformation Readings of the Apocalypse: Geneva, Zurich, and Wittenberg* (Oxford: Oxford University Press, 2000); Paul Kenneth Christianson, *Reformers and Babylon: English Apocalyptic Visions from the Reformation to the Eve of the Civil War* (Toronto: University of Toronto Press, 1978); Fred Anderson and Andrew Cayton, *The Dominion of War: Empire and Liberty in North America, 1500–2000* (London: Penguin, 2005).

10. John Cotton, *God's Promise to His Plantations* (Boston: Reprinted by Samuel Green and are to be sold by John Usher, 1686); Kathryn N Gray, *John Eliot and the Praying Indians of Massachusetts Bay: Communities and Connections in Puritan New England* (Lewisburg, PA: Bucknell University Press, 2013); Richard Cogley, *John Eliot's Mission to the Indians before King Philip's War* (Cambridge, MA: Harvard University Press, 1999); Robert F Berkhofer, *The White Man's Indian: Images of the American Indian, from Columbus to the Present* (New York: Vintage, 1979). Lepore, *The Name of War: King Philip's War and the Origins of American Identity.*

11. 关于威廉斯的生平、神学和政治，见 Edmund Sears Morgan, *Roger Williams: The Church and the State*, 1st ed. (New York: Harcourt, 1967); James A Warren, *God,*

War, and Providence: The Epic Struggle of Roger Williams and the Narragansett Indians Against the Puritans of New England (New York: Simon and Schuster, 2018); Teresa M Bejan, *Mere Civility* (Cambridge, MA: Harvard University Press, 2017)。

12. Margaret Ellen Newell, *Brethren by Nature: New England Indians, Colonists, and the Origins of American Slavery* (Ithaca, NY: Cornell University Press, 2015). Nicholas P Canny, "The Ideology of English Colonization: From Ireland to America," *The William and Mary Quarterly* 30, no. 4 (1973), https://doi.org/10.2307/1918596, http://www.jstor.org/stable/1918596; Alden T Vaughan, *Roots of American Racism: Essays on the Colonial experience* (Oxford: Oxford University Press, 1995);. Rebecca Anne Goetz, *The Baptism of Early Virginia: How Christianity Created Race* (Baltimore: Johns Hopkins University Press, 2016); Philip Joseph Deloria, *Playing indian* (New Haven, CT: Yale University Press, 1998).

13. Stuart B Schwartz, *Tropical Babylons: Sugar and the Making of the Atlantic World, 1450–1680* (Chapel Hill: University of North Carolina Press, 2004). http://www.loc.gov/catdir/toc/ecip0413/2004001752.html.

14. Morgan Godwyn, *The Negro's & Indians Advocate* (London: Printed for the author, by J.D., 1680); David N Livingstone, *Adam's Ancestors. Race, Religion and the Politics of Human Origins* (Baltimore: Johns Hopkins University Press, 2008).

15. Whitford, *The Curse of Ham in the Early Modern Era: The Bible and the Justifications for Slavery.*

16. Peter Stamatov, *The Origins of Global Humanitarianism: Religion, Empires, and Advocacy* (Cambridge: Cambridge University Press, 2013). Samuel Sewall, *The Selling of Joseph: A Memorial* (Boston of the Massachusetts: Printed by Bartholomew Green, and John Allen, 1700); William Lloyd Garrison, "Garrison's First Anti-Slavery Address in Boston," *Old South Leaflets*, no. 180 (1903).

17. 关于原住民部落与欧洲殖民者之间复杂的政治和文化交流，见 Kathleen DuVal, *The Native Ground* (Philadelphia: University of Pennsylvania Press, 2011); Richard White, *The Middle Ground: Indians, Empires, and Republics in the Great Lakes Region, 1650–1815* (Cambridge: Cambridge University Press, 2010)。

18. Fred Anderson, *Crucible of War: The Seven Years' War and the Fate of Empire in British North America, 1754–1766* (New York: Knopf, 2000); Anderson and Cayton, *The Dominion of War: Empire and Liberty in North America, 1500–2000.*

19. Arthur H Buffinton, *The Second Hundred Years' War, 1689–1815* (New York: Holt, 1939).

20. Anderson, *Crucible of War: The Seven Years' War and the Fate of Empire in British North America, 1754–1766.*

21. Tyler Stovall, "White Freedom," in *White Freedom* (Princeton, NJ: Princeton

University Press, 2021).

22. Linda Colley, *Britons: Forging the Nation, 1707–1837* (New Haven, CT: Yale University Press, 1992).

23. Thomas S Kidd, *The Protestant Interest: New England after Puritanism* (New Haven, CT: Yale University Press, 2004).

24. 所谓的囚禁叙事是英国殖民地通俗文学的第一种形式，描述了所谓的"野蛮人"和"耶稣会士"对英国白人新教徒身体和良心的侵犯，有时细节令人毛骨悚然。June Namias, *White Captives: Gender and eEhnicity on the American Frontier* (Chapel Hill: University of North Carolina Press, 1993); Pauline Turner Strong, *Captive Selves, Captivating Others: The Politics and Poetics of Colonial American Captivity Narratives* (New York: Routledge, 2018).

25. Nash, *Red, White, and Black: The Peoples of Early America.*

26. 这一理想是通过流行文化传播的。詹姆斯·费尼莫尔·库珀的《皮袜子故事集》是美国第一部通俗小说，其主人公是森林猎手纳蒂·班波。在这个神话中，森林猎手的崛起与"印第安人"的"消失"密切相关——仿佛对原住民人口的屠杀和剥夺与欧洲殖民主义的扩张无关。新美国神话的这一部分首先由演员埃德温·福里斯特搬上舞台，他在美国最早的流行戏剧之一《最后的万帕诺亚格人》中扮演原住民酋长梅塔莫拉。仿佛是为了强调美国白人的野蛮，福里斯特塑造了一个超级男性化的形象，并与英国莎士比亚戏剧演员威廉·麦克雷迪引发了一场广为人知的争吵，他斥责麦克雷迪柔弱和娘娘腔。似乎是为了给这件事添加一个感叹号，他们的竞争最终在被称为阿斯特广场骚乱的大规模拳斗中达到高潮。如果说英国版的白人基督教民族主义与白人新教自由的某种观念有关，那么美国版的基督教民族主义也与白人男性暴力的某种观念有关。Deloria, *Playing Indian*; Lepore, *The Name of War: King Philip's War and the Origins of American Identity.*

27. 罗马共和制时期的政治哲学家也是这样理解自由的。罗马思想对革命意识形态产生了深远的影响。Bailyn, *The Ideological Origins of the American Revolution*; Gordon S. Wood and Institute of Early American History and Culture (Williamsburg, VA), *The Creation of the American Republic, 1776–1787* (Chapel Hill: Published for the Institute of Early American History and Culture at Williamsburg, VA, 1969); Quentin Skinner, *Liberty before Liberalism* (Cambridge: Cambridge University Press, 1998).

28. Frey, *Water from the Rock: Black Resistance in a Revolutionary Age;* Quarles, *The Negro in the American Revolution.*

29. Gary B Nash, *Warner Mifflin: Unflinching Quaker Abolitionist* (Philadelphia: University of Pennsylvania Press, 2016); Donald J D'Elia, "Benjamin Rush: Philosopher of the American Revolution," *Transactions of the American Philosophical*

Society 64, no. 5 (1974), http://www.jstor.org/stable/1006202.

30. 原因如下：1. 美国独立战争大大加强了白人的反奴隶制情绪，在南方也是如此；2. 经济上最依赖奴隶制的两个州——佐治亚州和南卡罗来纳州——也是安全上最严重依赖邦联的两个州；3. 奴隶主本可以得到"补偿"，并以跨阿巴拉契亚西部土地的形式为以前被奴役的人提供赔偿。Nash, *Race and Revolution*.

31. Heather Cox Richardson, *West from Appomattox: The Reconstruction of America after the Civil War* (New Haven, CT: Yale University Press, 2007); William D Carrigan and Clive Webb, *Forgotten Dead: Mob Violence against Mexicans in the United States, 1848–1928* (Oxford: Oxford University Press, 2013); Matthew McCullough, *The Cross of War: Christian Nationalism and US Expansion in the Spanish-American War* (Madison: University of Wisconsin Press, 2014); Beth Lew-Williams, *The Chinese Must Go: Violence, Exclusion, and the Making of the Alien in America* (Cambridge, MA: Harvard University Press, 2018).

32. Erika Lee, *America for Americans: A History of Xenophobia in the United States* (New York: Basic Books, 2019); Laura E Gómez, *Manifest Destinies: The Making of the Mexican American Race* (New York: NYU Press, 2018).

33. 关于重建时期的简要介绍，参见 Eric Foner, *A Short History of Reconstruction, 1863–1877*, 1st ed. (New York: Harper & Row, 1990); Heather Cox Richardson, *How the South Won the Civil War: Oligarchy, Democracy, and the Continuing Fight for the Soul of America* (New York: Oxford University Press, 2020); Charles Reagan Wilson, *Baptized in Blood: The Religion of the Lost Cause, 1865–1920* (Athens: University of Georgia Press, 1983); Ty Seidule, *Robert E. Lee and Me: A Southerner's Reckoning with the Myth of the Lost Cause* (New York: MacMillan, 2021); Karen L Cox, *Dixie's Daughters: The United Daughters of the Confederacy and the Preservation of Confederate Culture* (Gainesville: University of Florida Press, 2019)。

34. Philip Gorski, "Trump's Rise and Fall Unified the Two Most Pernicious, Racist Myths About America," *NBCThink* (January 29, 2021). https://www.nbcnews.com/think/opinion/trump-s-rise-fall-unified-two-most-pernicious-racist-myths-ncna1255880.

35. James H Moorhead, *World without End: Mainstream American Protestant Visions of the Last Things, 1880–1925,* vol. 28 (Bloomington: Indiana University Press, 1999); Thomas R Hietala, *Manifest Design: American Exceptionalism and Empire* (Ithaca, NY: Cornell University Press, 2003); Reginald Horsman, *Race and Manifest Destiny: The Origins of American Racial Anglo-Saxonism* (Cambridge, MA: Harvard University Press, 1981).

36. Karen E Fields and Barbara Jeanne Fields, *Racecraft: The Soul of Inequality in American Life* (London: Verso, 2014); Terence Keel, *Divine Variations* (Stanford,

CA: Stanford University Press, 2020).

37. Horsman, *Race and Manifest Destiny: The Origins of American Racial Anglo-Saxonism*; Goldstein, *The Price of Whiteness: Jews, Race, and American Identity*; Matthew Frye Jacobson, *Whiteness of a Different Color: European Immigrants and the Alchemy of Race* (Cambridge, MA: Harvard University Press, 1998); David R Roediger, *The Wages of Whiteness: Race and the Making of the American Working Class*, The Haymarket series (London: Verso, 1991); Thomas A Guglielmo, *White on Arrival: Italians, Race, Color, and Power in Chicago, 1890–1945* (New York: Oxford University Press, 2003). Nancy Isenberg, *White Trash* (New York: Viking, 2016).

38. Gordon S Wood, *Empire of Liberty: A History of the Early Republic, 1789–1815* (Oxford: Oxford University Press, 2009).

39. Daniel Immerwahr, *How to Hide an Empire: A Short History of the Greater United States* (New York: Farrar, Straus and Giroux, 2019); Duncan Bell, *Dreamworlds of Race: Empire and the Utopian Destiny of Anglo-America* (Princeton, NJ: Princeton University Press, 2020).

40. Donald G Mathews, *At the Altar of Lynching: Burning Sam Hose in the American South* (Cambridge: Cambridge University Press, 2017); Walter White, *Rope and Faggot: A Biography of Judge Lynch* (Notre Dame, IN: University of Notre Dame Pess, 2002); James H Cone, *The Cross and the Lynching Tree* (Ossining, NY: Orbis Books, 2011).

41. Lew-Williams, *The Chinese Must Go: Violence, Exclusion, and the Making of the Alien in America;* Carrigan and Webb, *Forgotten Dead: Mob Biolence against Mexicans in the United States, 1848–1928.*

42. Kelly J Baker, *The Gospel According to the Klan: The KKK's Appeal to Protestant America, 1915–1930* (Lawrence: University Press of Kansas, 2011). Kevin M Kruse, *White Flight: Atlanta and the Making of Modern Conservatism,* vol. 89 (Princeton, NJ: Princeton University Press, 2013).

43. Neil Foley, *The White Scourge: Mexicans, Blacks, and Poor Whites in Texas Cotton Culture,* vol. 2 (Berkeley and Los Angeles: University of California Press, 1998); Heather D Curtis, *Holy Humanitarians: American Evangelicals and Global Aid* (Cambridge, MA: Harvard University Press, 2018); Bell, *Dreamworlds of Race: Empire and the Utopian Destiny of Anglo-America*; Markku Ruotsila, *The Origins of Christian Anti-internationalism: Conservative Evangelicals and the League of Nations* (Washington, DC: Georgetown University Press, 2007).

44. Angie Maxwell and Todd Shields, *The Long Southern Strategy: How Chasing White Voters in the South Changed American Politics* (Oxford: Oxford University Press, 2019); Daniel K Williams, *Defenders of the Unborn: The Pro-Life Movement*

before Roe v. Wade (New York: Oxford University Press, 2015).

45. Matthew Avery Sutton, *American Apocalypse* (Cambridge, MA: Harvard University Press, 2014); Boyer, *When Time Shall Be No More: Prophecy Belief in Modern American Culture.*

46. Joseph E Lowndes, *From the New Deal to the New Right: Race and the Southern Origins of Modern Conservatism* (New Haven, CT: Yale University Press, 2008); Joseph Crespino, *Strom Thurmond's America* (New York: Macmillan, 2012); Dan T Carter, *From George Wallace to Newt Gingrich: Race in the Conservative Counterrevolution, 1963–1994* (Baton Rouge: Louisiana State University Press, 1996).

47. Michael O Emerson and Christian Smith, *Divided by Faith: Evangelical Religion and the Problem of Race in America* (New York: Oxford University Press, 2001).

48. Sara Moslener, *Virgin Nation: Sexual Purity and American Adolescence* (New York: Oxford University Press, 2015); Sophie Bjork-James, *The Divine Institution: White Evangelicalism's Politics of the Family* (New Brunswick, NJ: Rutgers University Press, 2021); R Marie Griffith, *Moral Combat: How Sex Divided American Christians and Fractured American Politics* (New York: Basic Books, 2017).

49. Kruse, *One Nation under God: How Corporate America Invented Christian America.*

50. Crespino, *Strom Thurmond's America.*

51. Kruse, *White Flight: Atlanta and the Making of Modern Conservatism,* 89.

52. Susan Friend Harding, *The Book of Jerry Falwell: Fundamentalist Language and Politics* (Princeton, NJ: Princeton University Press, 2000).

53. Michael J McVicar, *Christian Reconstruction: RJ Rushdoony and American Religious Conservatism* (Chapel Hill: University of North Carolina Press, 2015); Julie Ingersoll, *Building God's Kingdom: Inside the World of Christian Reconstruction* (New York: Oxford University Press, 2015).

54. Gary North, *Christian Economics in One Lesson,* 2nd ed. (Dallas, TX: Point Five Press, 2020).

55. James D Bratt, "Abraham Kuyper, J Gresham Machen, and the Dynamics of Reformed Anti-Modernism," *Journal of Presbyterian History* 75, no. 4 (1997).

56. Tim Alberta, "The Financial Whisperer to Trump's America," *Politico Magazine* (March/April 2018). https://www.politico.com/magazine/story/2018/03/11/radio-dave-ramsey-2018-trump-217229; Bob Smietana, "Is Dave Ramsey's Empire the 'Best Place to Work in America'? Say No and You're Out," *Religion News Service* (January 15, 2021). https://religionnews.com/2021/01/15/dave-ramsey-is-tired-of-being-called-a-jerk-for-his-stands-on-sex-and-covid/; Susan Drury, "The Gospel

According to Dave," *Nashville Scene*, May 31, 2007, https://www.nashvillescene.com/news/article/13014787/the-gospel-according-to-dave; Matthew Paul Turner, "Spies, Cash, and Fear: Inside Christian Money Guru Dave Ramsey's Media Witch Hunt," *The Daily Beast* (September 11, 2018). https://www.thedailybeast.com/spies-cash-and-fear-inside-christian-money-guru-dave-ramseys-social-media-witch-hunt; Helaine Olen, "The Prophet," *Pacific Standard Magazine* (June 14, 2017). https://psmag.com/social-justice/prophet-dave-ramsey-personal-finance-67269.

57. Smietana, "Is Dave Ramsey's Empire the 'Best Place to Work in America'? Say No and You're Out."

58. Greg Grandin, *The End of the Myth: From the Frontier to the Border Wall in the Mind of America* (New York: Metropolitan Books, 2019).

第 3 章

1. Jacob S Hacker and Paul Pierson, *Let Them Eat Tweets: How the Right Rules in an Age of Extreme Inequality* (New York: Liveright Publishing, 2020).

2. Kristin Kobes Du Mez, *Jesus and John Wayne: How White Evangelicals Corrupted a Faith and Fractured a Nation* (New York: Liveright Publishing, 2020); Kathryn Joyce, *Quiverfull: Inside the Christian Patriarchy Movement* (Boston: Beacon Press, 2009).

3. Gerardo Martí, *American Blindspot: Race, Class, Religion, and the Trump Presidency*.

4. Kim Phillips-Fein, *Invisible Hands: The Businessmen's Crusade against the New Deal* (New York: WW Norton & Company, 2010); Lowndes, *From the New Deal to the New Right: Race and the Southern Origins of Modern Conservatism*; Kruse, *One Nation under God: How Corporate America Invented Christian America;* Butler, *White Evangelical Racism: The Politics of Morality in America*.

5. Jill Lepore, *The Whites of Their Eyes: The Tea Party's Revolution and the Battle over American History* (Princeton, NJ: Princeton University Press, 2011), p. 4.

6. Steve Gooch, "Tea Party: Wednesday, April 15, 2009—Photo Gallery," *The Oklahoman* (Tulsa), April 15, 2009. https://www.oklahoman.com/gallery/500846/tea-party-wednesday-april-15-2009%5d.

7. "2009," accessed April 1, 2021, https://www.everypixel.com/image-732336701 5791036067 (FORT MYERS, FL—APRIL 15: Tax Day Tea Party event participants show their signs in Ft. Myers on April 15, 2009 in Fort Myers.).

8. Theda Skocpol and Vanessa Williamson, *The Tea Party and the Remaking of Republican Conservatism* (New York: Oxford University Press, 2012); David Brody,

The Teavangelicals: The Inside Story of How the Evangelicals and the Tea Party Are Taking Back America (Grand Rapids, MI: Zondervan, 2012); Lepore, *The Whites of Their Eyes;* Ruth Braunstein, *Prophets and Patriots: Faith in Democracy across the Political Divide* (Berkeley and Los Angeles: University of California Press, 2017).

9. Ruth Braunstein and Malaena Taylor, "Is the Tea Party a "Religious" Movement? Religiosity in the Tea Party versus the Religious Right," *Sociology of Religion* 78, no. 1 (2017).

10. Angelia R Wilson and Cynthia Burack, "'Where Liberty Reigns and God Is Supreme': The Christian Right and the Tea Party Movement," *New Political Science* 34, no. 2 (2012); Melissa Deckman et al., "Faith and the Free Market: Evangelicals, the Tea Party, and Economic Attitudes," *Politics & Religion* 10, no. 1 (2017).

11. Eric D Knowles et al., "Race, Ideology, and the Tea Party: A Longitudinal Study," *PLoS One* 8, no. 6 (2013).

12. Devin Burghart and Leonard Zeskind, *Tea Party Nationalism: A Critical Examination of the Tea Party Movement and the Size, Scope, and Focus of Its National Factions,* (Kansas City, MO: Institute for Research & Education on Human Rights 2010). https://www.irehr.org/2010/10/12/tea-party-nationalism-report-pdf/.

13. David Nakamura, "Trump Recycles Discredited Islamic Pigs' Blood Tale after Terrorist Attack in Barcelona," *Washington Post* (Washington, D.C.), August 17, 2017, https://www.washingtonpost.com/news/post-politics/wp/2017/08/17/trump-recycles-discredited-islamic-pigs-blood-tale-after-terrorist-attack-in-barcelona.

14. Nurith Aizenman, "Trump Wishes We Had More Immigrants from Norway. Turns Out We Once Did," *NPR* (January 12, 2018). https://www.npr.org/sections/go atsandsoda/2018/01/12/577673191/trump-wishes-we-had-more-immigrants-from-norway-turns-out-we-once-did.

15. Jane Tompkins, *West of Everything: The Inner Life of Westerns* (Oxford: Oxford University Press, 1993).

16. Du Mez, *Jesus and John Wayne.*

17. Clifford Putney, *Muscular Christianity: Manhood and Sports in Protestant America, 1880–1920* (Cambridge, MA: Harvard University Press, 2009).

18. 分别用欧文·斯特拉坎和马克·德里斯科尔的话表述，见 Molly Worthen, "Who Would Jesus Smack Down," *New York Times Magazine* (January 6, 2009). https://www.nytimes.com/2009/01/11/magazine/11punk-t.html and https://twitter.com/ostrachan/status/1229773122049658882. On race and superheroes, see Edward J Blum and Paul Harvey, *The Color of Christ: The Son of God and the Saga of Race in America* (Chapel Hill: UNC Press Books, 2012). Jewett and Lawrence, *Captain America and the Crusade against Evil: The Dilemma of Zealous Nationalism* (Grand

Rapids, MI: Eerdmans, 2004)。

19. Andrew R Lewis, *The Rights Turn in Conservative Christian Politics: How Abortion Transformed the Culture Wars* (New York: Cambridge University Press, 2017).

20. Peter Wade, "In a Desperate Rant, Trump Nonsensically Says Biden Will 'Hurt God, Hurt the Bible,'" *Rolling Stone* (August 6, 2020). https://www.rollingstone.com/politics/politics-news/trump-says-biden-will-hurt-god-hurt-the-bible-1040799/.

21. Samuel L Perry, Landon Schnabel, and Joshua B Grubbs, "Christian Nationalism, Perceived Anti-Christian Discrimination, and Prioritizing 'Religious Freedom' in the 2020 Presidential Election," *Nations and Nationalism* (2021), https://doi.org/10.1111.

22. Fabiola Cineas, "Donald Trump Is the Accelerant", *Vox* (January 9. 2021). https://www.vox.com/21506029/trump-violence-tweets-racist-hate-speech.

23. Matt Walsh, *Church of Cowards: A Wake-Up Call to Complacent Christians* (New York: Simon and Schuster, 2020).

24. Aaron Griffith, *God's Law and Order* (Cambridge, MA: Harvard University Press, 2020).

25. Butler, *White Evangelical Racism.*

26. Andrew Kaczynski, "Mike Huckabee Says He Doesn't Want "Stupid" People To Vote," *Buzzfeed News* (September 22, 2015). https://www.buzzfeednews.com/article/andrewkaczynski/mike-huckabee-says-less-stupid-people-should-vot.

27. Glenn Elmers, "'Conservatism' Is No Longer Enough," *American Mind* (March 24 2021). https://americanmind.org/salvo/why-the-claremont-institute-is-not-conservative-and-you-shouldnt-be-either/.

28. Jack Kerwick, "Good People Must Be Dangerous People," *American Greatness* (April 12, 2021). https://amgreatness.com/2021/04/12/good-people-must-be-dangerous-people/.

第 4 章

1. Corey Robin, *The Reactionary Mind: Conservatism from Edmund Burke to Sarah Palin* (Oxford: Oxford University Press, 2011).

2. Lee, *America for Americans: A history of Xenophobia in the United States.*

3. Jean Guerrero, "Trump's Re-election Strategy Is Torn from White Supremacist Playbooks," *The Guardian* (Manchester) (September 9, 2020). https://www.theguardian.com/commentisfree/2020/sep/09/trumps-reelection-strategy-is-torn-from-

white-supremacist-playbooks. Ann Coulter, *Adios, America: The Left's Plan to Turn Our Country into a Third World Hellhole* (New York: Simon and Schuster, 2015). Jonathan Chait, "Tucker Carlson Endorses White Supremacist Theory by Name," *New York Magazine* (April 9, 2021). https://nymag.com/intelligencer/2021/04/tucker-carlson-great-replacement-white-supremacist-immigration-fox-news-racism.html.

4. Musa al-Gharbi, "White Men Swung to Biden. Trump Made Gains with Black and Latino voters. Why?," *The Guardian* (Manchester) (November 14, 2020). https://www.theguardian.com/commentisfree/2020/nov/14/joe-biden-trump-black-latino-republicans.

5. PRRI Staff, "Understanding QAnon's Connection to American Politics, Religion, and Media Consumption," *PRRI* (May 26, 2021). https://www.prri.org/research/qanon-conspiracy-american-politics-report/.

6. Baker, *The Gospel According to the Klan: The KKK's Appeal to Protestant America, 1915–1930.*

7. Jonathan P Herzog, *The Spiritual-Industrial Complex: America's Religious Battle against Communism in the Early Cold War* (Oxford: Oxford University Press, 2011); Steven P Miller, *Billy Graham and the Rise of the Republican South* (Philadelphia: University of Pennsylvania Press, 2011).

8. Robert P Saldin and Steven M Teles, *Never Trump: The Revolt of the Conservative Elites* (New York: Oxford University Press, 2020).

9. Quint Forgey, "Trump: 'I'm a nationalist,'" *Politico* (October 22, 2018). https://www.politico.com/story/2018/10/22/trump-nationalist-926745. https://know-your-enemy-1682b684.simplecast.com/episodes/teaser-the-1776-project. 这不仅仅是凝聚群众的言论。事实上，特朗普在 2019 年联合国大会上的演讲中对世界代表说了很多，宣称"未来不属于全球主义者"。

10. Sarah Pulliam Bailey, "'God Is Not Against Building Walls!' The Sermon Trump Heard from Robert Jeffress before his Inauguration," *The Washington Post*, January 20, 2017, https://www.washingtonpost.com/news/acts-of-faith/wp/2017/01/20/god-is-not-against-building-walls-the-sermon-donald-trump-heard-before-his-inauguration/; Brandon Showalter, "Wayne Grudem: Trump's Border Wall 'Morally Good' Because Bible Cities Had Walls," *The Christian Post*, July 2, 2018, https://www.christianpost.com/news/wayne-grudem-trump-border-wall-morally-good-bible-cities.html. Paul Harvey, "The Bounds of Their Habitation: Race and Religion in American History," *Journal of American Studies* 51, no. 1 (2017).

11. 基督教民族主义是关键。我们已经看到，在 COVID-19 疫情期间，基督教民族主义意识形态是如何与信任"唐纳德·特朗普高于所有科学和医学专家"相对应的（第 1 章）。而肯定基督教民族主义是美国白人免除特朗普对国会大厦骚乱的所有责任的最有力预测（第 3 章）。

12. Tom McCarthy, "'I Am the Chosen One': With Boasts and insults, Trump Sets New Benchmark for incoherence," *The Guardian* (Manchester) (August 21 2019). https://www.theguardian.com/us-news/2019/aug/21/trump-press-conference-greenland-jewish-democrats.

13. Tola Mbakwe, "Donald Trump: 'I Am the Chosen one,'" *Premier Christian News* (London) (August 22, 2019). https://premierchristian.news/en/news/article/donald-trump-i-am-the-chosen-one.

14. John General and Richa Naik, "QAnon Is Spreading amongst Evangelicals. These Pastors Are Trying to Stop It," *CNN Business*, May 23, 2021, https://www.cnn.com/2021/05/23/business/qanon-evangelical-pastors/index.html.

15. Robert A Dahl, *On Democracy* (New Haven, CT: Yale University Press, 2020); Benjamin Isakhan, "The Complex and Contested History of Democracy," in *The Edinburgh Companion to the History of Democracy*, ed. Stephen Stockwell and Benjamin Isakhan (Edinburgh: Edinburgh University Press, 2012).

16. Steven Elliott Grosby, *Nationalism: A Very Short Introduction*, p. 134 (Oxford: Oxford University Press, 2005).

17. Alexander Keyssar, *The Right to Vote: The Contested History of Democracy in the United States* (New York: Basic Books, 2009); Allan J Lichtman, *The Embattled Vote in America* (Cambridge, MA: Harvard University Press, 2018).

18. Sam Levine, "'It Can't Be That Easy': US Conservative Group Brags about Role in Making Voting Harder," *The Guardian* (May 13, 2021).

19. Isabella Zou, "Texas Senate Bill Seeks to Strip Required Lessons on People of Color and Women from 'Critical Race Theory' Law," *Texas Tribune* (July 9, 2021).

20. Sohrab Ahmari, "Against David French-ism," *First Things* (May 29, 2019). https://www.firstthings.com/web-exclusives/2019/05/against-david-french-ism.

21. Jason Blakely, "The Integralism of Adrian Vermeule," *Commonweal* (October 5, 2020). https://www.commonwealmagazine.org/not-catholic-enough; James Chappel, "Nudging Toward Theocracy: Adrian Vermeule's War on Liberalism," *Dissent* (2020).

22. Rich Lowry, *The Case for Nationalism: How It Made Us Powerful, United and Free* (New York: Broadside Books, 2019).

23. Peter J Leithart, *Defending Constantine: The Twilight of an Empire and the Dawn of Christendom* (Downers Grove, IL: InterVarsity Press, 2010).

24. Julie L. Ingersoll, *Building God's Kingdom: Inside the World of Christian Reconstruction* (New York: Oxford University Press, 2015) ; Michael J. McVicar, *Christian Reconstruction: RJ Rushdoony and American Religious Conservatism* (Chapel Hill, NC: University of North Carolina Press, 2015); Sara Diamond, *Roads to Dominion: Right-Wing Movements and Political Power in the United States* (New

York: Guilford Press, 1995).

25. Michael Anton and Curtis Yarvin, "The Stakes: The American Monarchy?," *The American Mind* (June 18, 2021).

26. Cristóbal Rovira Kaltwasser et al., *The Oxford Handbook of Populism* (Oxford: Oxford University Press, 2017); Mark Juergensmeyer, "Religious Nationalism in a Global World," *Religions* 10, no. 2 (2019).

27. Nadia Marzouki, Duncan McDonnell, and Olivier Roy, *Saving the People: How Populists Hijack Religion* (Oxford: Oxford University Press, 2016).

28. Steven Levitsky and Daniel Ziblatt, *How Democracies Die* (New York: Crown, 2018).

29. 政治学家安德鲁·格尔曼和皮埃尔−安托万·克伦普估计，由于选举人团不成比例地有利于农村的红色州，因此最终白人的投票权比黑人多16%，比拉丁裔多28%。Andrew Gelman and Pierre-Antoine Kremp, "The Electoral College Magnifies the Power of White Voters," *Vox, December* 16 (2016).

30. Ruth Ben-Ghiat, "Strongmen: How They Rise, Why They Succeed, How They Fall" (London: Taylor & Francis, 2021).

31. Pierre L Van den Berghe, "South Africa after Thirty Years," *Social Dynamics* 16, no. 2 (1990).

32. David A French, *Divided We Fall: America's Secession Threat and How to Restore Our Nation* (New York: St. Martin's Press, 2020). 关于它可能是什么样子，请参阅未来派小说 Omar El Akkad, *American War* (New York: Vintage, 2017)。

33. Thomas R Hietala, *Manifest Design: Anxious Aggrandizement in Late Jacksonian America* (Ithaca, NY: Cornell University Press, 1985); Edward J Blum, *Reforging the White Republic: Race, Religion, and American Nationalism, 1865–1898*, Conflicting Worlds (Baton Rouge: Louisiana State University Press, 2005). http://www.loc.gov/catdir/toc/ecip0422/2004021168.html; Elizabeth Hinton, *From the War on Poverty to the War on Crime: The Making of Mass Incarceration in America* (Cambridge, MA: Harvard University Press, 2016).

34. David A Hollinger, *After Cloven Tongues of Fire: Protestant Liberalism in Modern American History* (Princeton, NHJ: Princeton University Press, 2013).

35. Reinhart Koselleck, *Futures Past: On the Semantics of Historical Time* (New York: Columbia University Press, 2004).

36. Daniel Markovits, *The Meritocracy Trap: How America's Foundational Myth Feeds Inequality, Dismantles the Middle Class, and Devours the Elite* (New York: Penguin, 2019). Derek Thompson, "Workism Is Making Americans Miserable," *The Atlantic* (February 24, 2019). https://www.theatlantic.com/ideas/archive/2019/02/religion-workism-making-americans-miserable/583441/.